유 별 난

아 이 는

없 다

0세부터 6세까지 아이들의 기질에 따른 육아이야기
유별난 아이는 없다

초판1쇄 발행일	2018년 5월 30일
지은이	다케우치 에리카
옮긴이	최성미
일러스트	오하나
표지디자인	정선은
편집디자인	김동영
펴낸곳	컨텐츠조우
펴낸이	최재용
출판등록	2018년 3월 29일, 제25100-2018-000025호
주소	서울시 은평구 서오릉로 21길34
전화	02-310-9775
전자우편	jowoocnc@gmail.com

ⓒ2018 Erika Takeuchi, Printed in Korea
ISBN   979-11-963624-0-9
값 12,000원

*잘못된 책은 바꾸어 드립니다.
*이 책은 어떤 형태나 어떤 방법으로도 무단 전재와 무단 복제를 금합니다.
*이 도서의 국립중앙도서관 출판도서목록(CIP)은 서지정보유통지원시스템 홈페이지(http://seoji.ni.go.kr)와 국가자료공동목록
 시스템(http://www.nl.go.kr/kolisnet)에서 이용하실 수 있습니다.
 (CIP제어번호: CIP2018013540)

0세부터
6세까지
아이들의 기질에 따른
육아 이야기

유별난 아이는 없다

다케우치 에리카 지음
최성미 옮김

컨텐츠조우

> 시작하는
> 이야기

아이들은 누구나
타고난 '기질'이 있다

　한국의 독자 여러분께 인사드립니다. 저는 다케우치 에리카입니다. 육아와 교육, 아이들의 심리 등을 공부하며 지금까지 약 20년 간, 1만 2000여명 이상의 아이들을 만나왔습니다. 지금도 신생아부터 대학생까지 1년에 1,000명 정도의 아이들과 만나고 있습니다. 그리고 이 아이들의 부모님들과도 만나며 많은 육아 고민을 듣고 있습니다. 저 역시 두 명의 남자 아이를 키우고 있는 엄마이기도 합니다.

　우리는 아기가 처음 태어났을 때는 '부디 건강하게만 자라주기를…' 바랍니다. 하지만 아이가 자라면서 '우리 아이는 언제 걸을 수 있지? 옆

집 아이는 벌써 말하기 시작하는데…'하며 다른 아이와의 성장차이를 염려하기 시작합니다. 그리고 **어린이집이나 유치원을 다니면서 아이의 성격에 대한 걱정이 시작됩니다.** '착한 아이였으면 좋겠는데…'라고 희망하지만 친구를 밀어 넘어뜨리거나, 남의 장난감을 빼앗는 아이, 밝고 씩씩한 아이로 자랐으면 좋겠는데 친구들과 어울리지 못하고 혼자서 외롭게 놀고 있는 아이의 모습을 보면, '내가 잘못 키우고 있는건가?' 하는 생각을 하게 됩니다.

여러분은 기질이라는 말을 들어보셨나요? 흔히 아이의 성격은 자라온 환경에 따라 달라진다고 하지만 태어나면서부터 어느 정도의 개성을 가지고 있는 것도 사실입니다. 그 개성을 기질이라고 하는데 인격의 절반을 이 기질이 차지하고 있으며 성장한 후에도 이 기질이 크게 변하는 일은 없다고 합니다.

결국 원래 밝고 순한 기질을 가진 아이는 특별한 것을 하지 않아도 그런 성격으로 자라고 어리광이 많고 부모의 말을 듣지 않는 기질을 가지고 있는 아이라면 아무리 열심히 훈육한다고 해도 결국 그렇게 자랍니다. 성장과정에서 노출된 교육과 환경에 의해 아이의 성격이 변화될 수 있지만, **성격의 절반은 기질에 의존합니다.** 아이에게는 무엇을 어떻게 해도 고쳐지지 않는, 부모가 어떻게 할 수 없는 문제행동이 있을 수 있습니다.

아이의 기질을 부모가 알고 있다면
육아는 더욱 즐거워지고
아이는 자신의 개성을 더욱 발전시켜
훌륭하게 성장할 수 있다

기질의 좋고 나쁨은 없습니다. 어떤 기질이라도 잘 발전시킨다면 '훌륭한 개성'이 될 수 있으며, 그 아이만이 가진 '재능'이 될 수 있습니다. 그러나 아이가 성장하는 과정 중에서 어떤 기질은 '키우기 어려움'으로 나타나게 되고, 부모나 주위의 어른들에게 '유별난 아이'로 비춰지기도 합니다.

예를 들어 갓난아기였을 때 키우기 힘든 아이는 생활리듬이 불규칙적인 아이, '주기성'이 약한 아이입니다. '주기성'이라는 것은 생활의 리듬을 일정하게 유지하는 성질을 말하는 데 주기성이 약한 아이는 잘 자지 않고, 수유도 순조롭지 못한 모습을 보입니다. 이것은 어른으로서의 생활리듬을 지켜야 하는 부모에게는 '키우기 어려움'의 한 가지에 해당합니다.

또한 '해보고 싶다'는 생각이 드는 순간, 그 감정을 조절할 수가 없고 떠밀리듯이 몸이 먼저 움직이는 '충동성'이 강한 기질을 가진 아이는 난폭하거나 부모의 말을 잘 듣지 않는 '유별난 아이'가 됩니다.

정도의 차이는 있지만 모든 아이는 부모를 난처하게 하거나 걱정시키는 기질을 가지고 있습니다. 하지만 걱정하지 않으셔도 됩니다. 그 **기질에 맞는 양육을 한다면 성장하여 사회성이 생기게 될 즈음 자연스럽게 문제행동도 사라지게 됩니다.** 부모가 우리 아이의 기질을 알고 있다면 아이를 기르면서 생기는 곤란함과 난처함에 미리 대비 할 수 있습니다. 부모는 불안이나 걱정이 줄어들고 보다 즐거운 육아를 할 수 있습니다. 나아가 아이가 가진 기질을 훌륭한 개성으로 잘 발전시켜 누구보다 멋진 아이로 성장시킬 수 있습니다.

아이의 기질은
5가지 타입이 있다

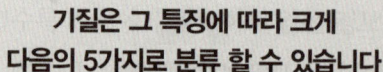

기질은 그 특징에 따라 크게
다음의 5가지로 분류 할 수 있습니다

이제 막 태어난 아기도 우는 소리나 몸의 움직임을 보고 기질을 어느 정도 알 수 있습니다. 그것으로 '키우기 어려움'을 미리 예상하는 것은 실제로 문제 행동이 일어났을 때, 당황하지 않고 자연스럽게 대응할 수 있어서 부모에게 많은 도움이 됩니다.

아이의 기질을 파악하고 그 아이의 '키우기 어려움'에 대비하여 부모의 스트레스를 감소시키는 것은 아이에게도 무척 중요한 일입니다.

아이들은 어릴수록 어머니를 비롯한 양육자의 스트레스에 영향을 많이 받기 때문입니다.

다음 페이지의 체크 리스트로 우리 아이는 5가지 중 어느 타입에 해당하는지 확인하여 봅시다. 문항을 읽고 우리 아이에게 해당된다고 생각하시는 항목에 체크하시면 됩니다. 5가지 타입 중에 가장 많은 체크 표시가 된 타입이 우리 아이의 타입입니다. 아이가 아직 어린 아기라면 지금 알 수 있는 것만 체크하여 주십시오. 그리고 조금 자란 아이라면 아이가 아기였을 때의 기억을 더듬어 체크하시면 됩니다.

액티브 타입

- [ ] 우는 소리가 다른 아이들보다 크다.
- [ ] 배부르게 젖을 먹은 후에도 계속해서 젖을 물고 놓지 않는다.
- [ ] 다른 친구를 밀거나 때리는 경우가 있다.
- [ ] 주위에서 '주의가 산만하다'는 이야기를 듣는 경우가 있다.
- [ ] 엄마에게 어리광을 많이 부린다.
- [ ] 높은 곳에 오르거나 무엇이든지 만지려 해서 눈을 뗄 수가 없다.
- [ ] 혼을 내어도 웃으며 도망친다.

네거티브 타입

- [ ] 분유를 싫어하고 모유만 먹으려고 한다.
- [ ] 마치 불만을 말하는 것처럼 중얼거리며 운다.
- [ ] 낯가림이 심하고 아빠에게 안기는 것도 싫어하는 경우가 있다.
- [ ] 한번 울기 시작하면 1시간이 넘도록 계속해서 운다.
- [ ] 무엇을 해도 '싫어 싫어'라고 해서 어떻게 해야 할지 모르게 만든다.
- [ ] 항상 무엇인가 불만스러워하며 웃는 얼굴을 잘 볼 수 없다.
- [ ] 고집을 부리며 한 가지에 집착한다. (장난감이나 수건 등)

델리케이트 타입

- [ ] 작은 소리나 자극에도 반응하며 아기고양이처럼 가는 소리로 운다.
- [ ] 항상 깜짝깜짝 놀라며 겁먹은 듯이 보인다.
- [ ] 조용하고 안정된 환경이 아닌 곳에서는 잘 자지 못한다.
- [ ] 둘둘 말듯이 감싸안아 주면 안정이 되어 울음을 그친다.
- [ ] 새로운 장소에는 적응을 잘 못하여 유치원이나 어린이 집에 다니기가 어렵다.
- [ ] 다른 아이들과 잘 어울리지 못한다.

텍스트 타입

- [ ] 기저귀를 갈거나 젖을 주면 금세 울음을 그친다.
- [ ] 작은 일에도 금세 반응을 보이며 유심히 관찰 한다.
- [ ] 시야에 들어온 것을 손으로 가리키며 엄마를 부르는 경우가 많다.
- [ ] 가르쳐주는 것을 금세 이해하고 배우는 것이 빠르다.
- [ ] 부모님의 말을 잘 듣는다.
- [ ] 말하는 것을 좋아하고 건방진 말을 하는 경우가 있다.
- [ ] 변명이나 거짓말을 하거나 고자질을 하는 경우가 많다.

엔젤 타입

- ☐ 아기일 때에는 깨우지 않으면 하루 종일이라도 잘 것처럼 잘 잔다.
- ☐ 잠에서 깼을 때도 기분이 좋고 기저귀가 젖어있어도 울지 않는다.
- ☐ 언제나 웃는 얼굴로 애교가 있고 낯가림을 하지 않는다.
- ☐ 낙천적이고 여유가 있는 성격으로 멍하니 있을 때가 있다.
- ☐ 대답은 '네!'하고 씩씩하게 하지만 들은 것을 금방 잊어버린다.
- ☐ 여러 가지에 관심이 많아 한 가지에 집중하지 못한다.
- ☐ 운동신경이 발달하지 못한 편이고 순간적으로 좌우를 구별하지 못하는 경우도 있다.

결과를 보았을 때, 한가지 타입으로 해당되는 것이 몰리지 않고 몇 가지의 타입으로 분산되어서 체크가 되어 있는 분도 있을 것입니다. 실제로 적지 않은 아이들이 5가지 중 어떤 한 타입으로 분명하게 나타나지 않고, 몇 가지 타입에 걸쳐져서 나타납니다. 이 경우에는 보다 더 많이 체크가 되어 있는 타입이 우리 아이에게 강하게 나타나는 기질이고 그 외의 기질은 우리 아이가 부분적으로 가지고 있는 기질이라고 생각하면 됩니다.

예를 들어 [액티브 타입에 5개, 델리케이트 타입에 2개, 엔젤 타입에 2개로 체크 되어 있다.]고 한다면 이 경우는 액티브 타입이 기축이 되는 기질이며 그것에 더해져서 델리케이트 타입과 엔젤 타입의 기질을 같이 가지고 있다고 판단하시면 됩니다.

또 2살 정도까지는 전형적인 액티브 타입이었던 아이가 5살 정도부터 델리케이트 타입의 성향을 보이게 되는 것처럼 성장과정 중에 기질의 변화를 보이는 경우도 있습니다. 그것은 환경과 학습 효과에 의한 변화이며, 1년에 한 번 정도 체크리스트로 진단을 해보고 그 시기에 나타나고 있는 기질에 맞추어 대처하시면 됩니다.

모든 경우의 수를 조합하진 못하였으나 섞이기 쉬운 기질의 조합을 다음 페이지에 표로 정리해 두었습니다. 참고해주시기 바랍니다.

액티브 타입과 엔젤 타입, 네거티브 타입과 텍스트 타입, 네거티브 타입과 델리케이트 타입, 델리케이트 타입과 텍스트 타입, 텍스트 타입과 엔젤 타입이 섞이기 쉬운 기질입니다.

액티브 타입이 기축인 경우 델리케이트가 섞이기 쉬우나 델리케이트가 기축인 경우는 액티브 타입은 섞일 수 없습니다.

이제 우리아이의 기질이 어떤 기질인지 짐작이 가시지요?
이제 하나하나의 기질에 어떤 '유별난' 특징이 있는 지를 설명하겠습니다.

섞이기 쉬운 기질의 조합

	기축이 되는 기질				
섞이기 쉬운 기질의 유형	액티브 타입	네거티브 타입	델리케이트 타입	텍스트 타입	엔젤 타입
액티브 타입					●
네거티브 타입			●	●	
델리케이트 타입	●	●		●	
텍스트 타입		●	●		●
엔젤 타입	●				

액티브 타입은 활동적이고 난폭한 기질

'액티브'라는 단어의 뜻 그대로 활동적인 이 기질의 아이들은 천진난만하고 호기심이 많습니다. 다른 사람의 설명으로 이해하는 것보다 실제로 해보고 그것이 어떤 것인가를 알아내야 속이 시원한 타입, 직접 해보기 좋아하는 타입이라는 것이 두드러지는 특징입니다. 또한 구르고, 뛰고, 하는 것을 너무 좋아하는 아주 활기찬 아이입니다. 그렇다 보니 침착하지 못하고 에너지가 넘쳐서 난폭한 행동을 하게 됩니다.

일단 '궁금하다!'라고 생각하면 그것을 자제하지 못하는 '충동성'이 강하기 때문에 주위의 반응보다도 자신의 욕구를 우선시 합니다. 제멋대로 행동하는 아이로 보여질 수도 있습니다.

액티브 타입은 이렇게 키우자

- 많이 안아주고 어리광을 받아준다.
- '안돼!'라는 말을 너무 많이 하지 않도록 한다.
- 절대 해서는 안 될 일에 대해서는 '아프다!', '뜨겁다!'라는 구체적인 말로 가르친다.
- 고집을 부릴 때는 집중할 수 있는 조용한 곳으로 자리를 옮겨 진정시킨다.
- 장난감으로 놀게 하기보다는 자연속에서 놀 수 있도록 한다.
- 무언가에 집중할 때는 말을 시키지 말고 그대로 둔다.
- '그러면 나쁜 아이야!' 등 아이에게 상처가 되는 말로 혼내지 않는다.
- 같은 일로 주의를 주는 것은 세 번까지만!

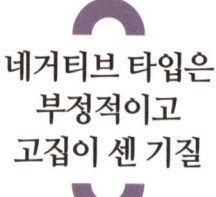

네거티브 타입은 부정적이고 고집이 센 기질

새로운 것에 불안을 느끼기 쉬운 네거티브 타입은 경험이 없는 일이나 마음에 들지 않는 일을 피하려고 하는 '회피성'이 높은 기질입니다. 환경의 변화를 싫어해서 주위 사람들이 놀랄 정도로 강하게 거부합니다.

또한 '고집성'도 가지고 있기 때문에 일단 주장을 하기 시작하면 누가 뭐라고 해도 굽히지 않는 고집스러운 면도 눈에 보입니다.

이와 같이 불쾌한 감정은 부정적인 말이나 행동으로 직접적으로 표현하지만 즐거운 감정은 좀처럼 표현하지 않아서 주위의 어른들로부터 '항상 기분이 안 좋아 보인다.', '별로 귀엽지 않아.'라고 생각되는 경우가 많습니다.

네거티브 타입은
이렇게 키우자

- 태내에 있는 것과 같은 '좁고 따뜻한' 상태를 만들어 주어 안심시킨다.
- '졸리구나!', '놀고 싶구나!'등의 말로 아이의 기분을 말로 표현해주며 그 기분을 받아들여준다.
- 고집부리는 것을 억지로 그만두게 하지 않는다.
- 하루에 30분! 충분히 아이와 소통하는 시간을 갖는다.
- (집안)일을 맡기는 등 책임감을 느낄 수 있는 역할을 준다.
- 웃는 얼굴을 보이지 않아도, '귀엽지 않아' 등의 부정적인 말을 하지 않는다.
- 부모가 '안녕하세요!', '감사합니다!', '미안합니다!'같은 인사하는 모습을 자주 보여준다.

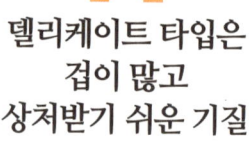

델리케이트 타입은 겁이 많고 상처받기 쉬운 기질

델리케이트 타입의 아이는 작은 일에도 금방 울어버리는 등 매우 섬세하고 상처받기 쉬운 '민감성'이 높은 기질을 가지고 있습니다.

언제나 '깜짝깜짝', '두근두근'의 연속으로 어렸을 때에는 모르는 사람이 말만 시켜도 울어버릴 정도입니다.

또한, '적응성'이 낮아 익숙하지 않은 환경에 익숙해 질 때까지 많은 시간이 걸리기 때문에 어린이집이나 유치원에 보낼 때 부모가 무척 힘이 듭니다. 델리케이트 타입의 아이는 '유치원(학교) 가기 싫어!'라고 말하며 등원을 거부하는 경우가 종종 있습니다.

다른 사람과의 커뮤니케이션도 별로 능숙하지 못하기 때문에, 작은 일에도 '저 아이는 나를 싫어하는 것 같아!'라고 고민에 빠져 피해망상으로 머리가 복잡해지는 경우도 있습니다.

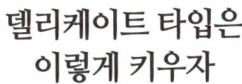

델리케이트 타입은 이렇게 키우자

- 아기일 때에는 가능한 조용하고 안락한 환경을 만들어 준다.
- 대화할 때 작은 목소리로 이야기한다.
- 이야기를 할 때는 웃는 얼굴로!
- 기기 시작하면 되도록 많이 기어다닐 수 있게 한다.
- 미술관이나 음악회 관람 등 직접 보고 느낄 수 있는 경험을 시킨다.
- 처음 가보는 환경에 익숙해지기까지 시간을 충분히 준다.
- 부모의 생각을 억지로 주입시키지 않는다.

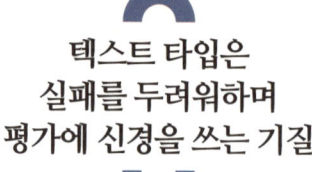

텍스트 타입은
실패를 두려워하며
평가에 신경을 쓰는 기질

　5가지의 타입 중에서도 제일 우등생 타입이 텍스트 타입입니다. '적응성'이 높아서 어른들의 언행을 보고 금세 흡수 하기 때문에 언어의 습득도 빠릅니다.
　언어가 빠른 것은 좋은 점이지만 반항기에는 '그 정도는 나도 알고 있거든요, 지금 하려고 했단 말이에요!' 처럼 어른 못지 않은 말로 부모를 당황하게 합니다.
　또한 '주의성'이 높은 기질이기 때문에 집중력이 높고 프라이드가 강합니다. 완벽주의이기 때문에 주위의 평가를 지나치게 의식하는 면도 있습니다. 언제나 '잘 하는 아이'로 있어야 한다고 생각하기 때문에 스트레스가 크고, 실패를 두려워하는 마음을 감추기 위해서 친구를 괴롭히거나 거짓말을 하거나 책임전가를 해서 부모를 걱정시키기도 합니다.

텍스트 타입은 이렇게 키우자

- 어느 정도 성장하면 '빵빵', '멍멍이' 등의 아기들이 쓰는 말을 사용하지 않도록 한다.
- 아이가 엄마에게 무언가 말하려고 할 때는 귀찮아하지 말고 집중해줘야 한다.
- 운동이나 춤, 연기 등을 적극적으로 시켜야 한다.
- 부모가 시키는 대로 하게하기 보다는 아이의 의사를 존중해 주어야 한다.
- 하고 싶어 하는 것은 해보도록 하고 실패했을 때 책임지는 방법을 가르친다.
- 열심히 하는 노력 자체를 인정해 준다.
- 변명이나 거짓말을 했을 때 무조건 혼을 내지 않는다.
- 부모, 특히 아버지가 솔직히 실패를 인정하거나 사과하는 모습을 보여준다.

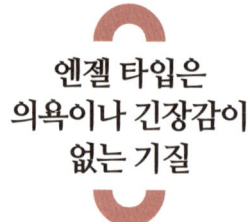

엔젤 타입은 의욕이나 긴장감이 없는 기질

느긋하고 마치 천사와 같은 엔젤 타입은 '기분성'이 안정적이기 때문에 누구에게도 호감을 느끼게 하는 타입, 한 마디로 애교가 많고 귀여운 아이입니다.

그러나 '주의성'이 없고 집중력이 없어서 잘 잊어 버리고 성취하려는 의욕이 없고 동기 부여가 어려운 면이 있습니다. 또한 '순응성'이 높기 때문에 다른 사람의 말을 과하게 잘 듣는 경향이 있어 자기 주장이 별로 없는 편입니다.

또한 아무런 욕심이 없고 별다른 생각이 없는 면이 있어 길을 자주 잃어버리고 모르는 사람에게도 거리낌없이 대하기 때문에 아동을 대상으로 하는 범죄가 많은 요즘같은 사회에서는 부모들의 걱정거리가 되기도 합니다.

엔젤 타입은 이렇게 키우자

- 아기일 때에는 어머니가 적극적으로 대화를 해준다.
- 베이비 사인을 사용하여 표현할 수 있게 해준다.
- 공놀이나 줄넘기, 한 발 뛰기, 댄스, 피아노 등을 시킨다.
- 과식을 주의하고 운동량이 모자라지 않도록 신경을 쓴다.
- 새로운 것을 많이 체험시킨다.
- 언제? 어디? 등을 질문함으로써 구체적인 행동을 할 수 있도록 한다.
- [I 메시지]로 부모의 기분을 아이에게 전달 한다.

아이가 문제 행동을 하는 이유를 찾거나,
왜 말을 듣지 않는지 이해하려고
노심초사하지 않아도 된다

기질이라는 것이 있다는 것을 알지 못하고 육아를 하다 보면 당연히 사랑스러워야 하는 우리 아이를 보면서도 '저 아이가 진짜 내 아이가 맞나?' 하는 생각을 하기도 합니다. 저 역시 몇 번이나 그런 생각을 했는지 모릅니다. 실제로 '왜 그런지 내 아이가 사랑스럽다는 생각이 안 들어요.'라고 고민하는 부모들도 적지 않습니다.

왜, 이런 감정들을 가지게 되는 것 일까요? 그것은 아이를 부모의 생각대로 키우려는 욕심 때문입니다. 정말로 아이를 싫어하기 때문이 아니라 양육이 본인 생각대로 되지 않는다는 것에 대한 심리적 압박이 그와 같은 감정을 발생시킵니다. 어깨의 힘을 빼고 마음을 내려 놓으면, 아이를 사랑하는 마음이 다시 되살아납니다.

아직 성숙하지 않은 아이들은 사회의 규칙이나 도덕을 모르기 때문에 기질이 그대로 행동으로 나오게 되어 있습니다. 하지만 성장하면서, 배워가면서 '유별난' 행동은 자연스럽게 사라지게 됩니다. 그렇기 때문에 아이가 아직 어릴 때는 무리해서 문제가 되는 행동을 고치려 하거나, 왜 부모의 말을 듣지 않는지 이유를 찾으려고 마음을 졸이지 않아도 됩니다.

만약 우리 아이의 기질에 휘둘려 매우 곤란하다면 차라리 '내 아이지만 참 독특하고 재미있는 아이네!'라고 생각하며 키우는 것은 어떨까요? 이런 비유가 불편하신 분도 있겠지만 동물원에서 '왜 사자는 사납지?', '왜 원숭이는 저렇게 시끄럽지?'라고 심각하게 생각하지 않는 것과 같이 **'우리 아이는 이런 기질의 아이구나!'라고 생각할 수 있다면 육아는 무척 즐거운 일이 될 것입니다.**

아이들은 모두 '착한 아이',
한 명도 '유별난 아이'는 없다

일반적으로는 순진하고 키우기 쉬운 아이가 '착한 아이'라고 생각하는 경향이 있습니다. 그러나 **표면적으로는 키우기 힘든 아이라 하더라도 그런 힘든 부분도 우리 사회가 요구하는 모습 중 하나이며, 그렇기 때문에 모든 아이들은 '착한 아이'입니다.**

분명히 밝고 사교성이 좋은 아이는 모두에게 사랑을 받아서 세상을 살아가는 데에 어느 정도 유리할 수도 있을 것입니다. 성인이 되어 일을 할 때도 많은, 좋은 인맥을 가지고 일을 성공적으로 이룰 수도 있습니다. 그렇다면 사람들 앞에 나서기 싫어하고 사람을 사귀는 것이 서투른 아이는 어떨까요? 사실 이런 아이들은 약한 사람을 도와주는 간호사나 교사 등과 같은 직업을 가진 사람들이 반드시 갖추어져야 할 소질을 가지고 있는 경우가 많습니다.

야구에서 투수가 '착한 아이' 대표라고 한다면 다른 멤버들은 착한 아이가 아니라고 말할 수 있습니까? 아니요, 그렇지 않습니다. 오히려 수비를 잘하는 사람이 있기 때문에 투수가 그 도움을 받을 수 있고 그래야만 강한 팀이 될 수 있습니다. 이와 마찬가지로 제 각각 다른 역할을 담당하고 서로서로 돕지 않으면 안정된 사회는 유지되기 어렵습니다. 이렇게 생각해본다면 '착한 아이', '유별난 아이'라는 관념은 어른의 입장에서 규정짓는 고정관념에 지나지 않습니다.

심신의 건강을 유지할 수 있는 환경과
적절한 예의범절 정도만 갖췄다면
나머지는 '기질 때문이야…'라고 편안하게
생각하는 것도 좋다

아이의 '유별남'은 기질에 의한 부분이 적지 않으나 그렇다고 모든 것을 기질 탓으로 돌려 그 구실로 삼아서는 안됩니다. 심신의 '건강'이 유지될 수 있는 적절한 환경을 만들어주는 것과 도덕을 가르치는 것은 반드시 필요합니다.

건강을 유지하기 위해서는 하루 세 번 식사를 잘할 수 있어야 하고, 청결한 환경에서 인간다운 생활을 할 수 있어야 하며 밤에는 충분한 수면을 취할 수 있어야 합니다. 즉 규칙적인 생활환경에서 아이를 키워야 합니다. 또한 훈육은 '규칙을 지켜야 한다.', '다른 사람에게 피해를 주어서는 안 된다.' 등의 것으로 이 사회에서 요구하는 규칙이나 도덕을 가르치는 것입니다.

식사에 대해서는 '반드시 영양이 균형 있게 섭취되어야 한다.', '매일 다양한 재료를 사용해서 요리해야 한다.'라는 강박관념에 힘들어하는 어머니들을 많이 만나게 됩니다. 하지만 그렇게 어렵게 생각할 필요는 없습니다.

어쨌든 '밥과 국'이 있다면 다른 것은 조금 부족해도 괜찮습니다. 육아라는 것은 지금부터 몇 년이나 더 계속될 것입니다. 그 시간 동안 식사를 준비하는 것은 쉴 수가 없는 일입니다. 아이가 어릴 때부터 손이 많이 가는 음식만 만든다고 한다면 정말로 시간적으로 여유가 많은 어머니라도 힘들 것입니다. 게다가, 손이 많이 가는 음식을 만들었을 때 아이가 조금이라도 남긴다면 기분이 나빠질 수 있습니다. 그러면 식사를 할 때마다 '잘 먹어야지!', '남기면 안돼!'라는 잔소리를 더 하게 되고 아이는 어머니의 요리를 맛있게 먹을 수 없게 됩니다. 혼내지 않아도 스스로 먹고 싶은 마음이 생기는 시기는 꼭 옵니다. 처음에는 간단한 식사라도 아이가 먹고 싶어할 때 적절하게 조금씩 양을 늘려 주면 됩니다. 자라면서 햄버거스테이크나 새우튀김 같은 음식을 어디서 먹어 보고 와서 매일 먹고 싶어 하게 될 때가 언젠가는 옵니다. 그때까지는 그렇게 손이 많이 가는 음식은 만들지 않아도 된다는 가벼운 마음으로 지내는 것도 나쁘지 않습니다.

육아의 긴 여정 중에 모유를 먹이는 시기에 흡연, 음주와 같이 금지된 것은 반드시 지켜야 하지만 '이렇게 하는 것이 좋다.' 라는 정도의 이야기는 그렇게 신경을 쓰지 않아도 됩니다.

어른이 먼저 규칙을 지킨다.

아이들을 훈육하려 하면서도 사실은 **어른이 먼저 솔선수범(?)해서 나쁜 행동을 하고 있는 경우가 있기 때문에 아이가 보는 앞에서는 주의를 하셔야 합니다.** 예를 들어 무단횡단을 한다든지, 신호를 무시하는 행동은 누구든지 해본 적이 있을 것입니다. 아이는 무척 순수합니다. 어머니와 선생님으로부터 '도로를 건널 때는 횡단보도로 건너야 한다.', '빨간 불 일 때에는 멈추어야 한다.'라고 들었는데 어른들이 지키지 않는 것을 보게 되면 규칙을 지키는 것이 중요하지 않다고 생각합니다..

가정에서 '자기 전에는 과자를 먹어서는 안 된다.'라고 가르쳤다면, **당연히 부모도 그 규칙을 지켜야 합니다.** 아무리 '어른은 예외야.'라고 말해도 아이들에게는 통하지 않습니다. 적어도 아이가 잠든 후에 먹음으로써 부모의 잘못된 행동을 보여주지 말아야 합니다.

완벽하지 않아도 괜찮습니다. '건강', '도덕' 이 두 가지가 어느 정도 되어져 있다면 부모는 우리아이의 유별난 행동을 보며 '내가 잘 못 키워서 그런가?' 라고 고민할 필요는 없습니다. 아이는 가장 자기다운 모습으로 성장하고 있을 뿐입니다. '언젠가 좋아지겠지.'라고 믿고, 느긋한 마음으로 지켜봐야 합니다.

아이의 기질을 이해하면 '유별난 아이'가
'착한 아이'로 변하는 육아법을 찾을 수 있다.

앞에서 5가지의 기질을 소개 하였습니다.

부모들이 특별히 '키우기 힘들다.'고 느끼는 아이의 기질은 난폭한 '액티브 타입', 불쾌한 감정들을 계속 표현하는 '네거티브 타입', 너무 섬세해서 상처 받기 쉬운 '델리케이트 타입'이 세 가지 타입입니다.

한편, 성실하고 영리한 '텍스트 타입'이나 순수하고 귀여운 '엔젤 타입'은 어찌 보면 '키우기 쉬운' 아이라고 느낄 수도 있을 것입니다. 그러나 이 타입의 아이들도 실제로 키우는 어머니들에게는 걱정거리가 없는 날이 없습니다. 이론적으로 키우기 쉽다고 하여도 부모는 결국 우리 아이들에 대해서 여러 가지 고민거리를 가지고 있습니다. **아무리 '착한 아이'로 보여지더라도 성장과정에서는 분명히 문제점이나 벽에 부딪히는 부분이 있기 마련입니다.**

지금까지 제가 조사해 온 바로는 약15%의 아이들이 '액티브 타입', '네거티브 타입', '델리케이트 타입'중의 어느 한 가지에 해당하고, 약 35%가 '텍스트 타입' 혹은 '엔젤 타입'에 속합니다. 나머지 50%는 두 가지 이상의 기질이 섞여있는 아이입니다. 그리고 어떤 아이라도 특정 나이가 되면 성격의 어떤 부분에서는 5가지 중 어디엔가 속해 있는 '유별남'을 나타냅니다.

아이는 0세부터 6세 무렵까지 어른이 된 이후의 인생을 멋지게 살아가기 위한 토대를 만듭니다. 이 토대가 잘 이루어져 있을수록 사회에 나아가 살아남기 위해 필요한 강건함과 사회성을 몸에 익히기 쉬워집니다. 그러한 과정을 돕기 위해서 부모는 아이의 기질을 잘 파악하여 연령별로 보여지는 '유별남'에 적절히 대응해 주는 것이 꼭 필요합니다.

기질을 고려하면서 아이를 키운다면 크게 힘든 일 없이 성장 시킬 수 있습니다. 타고난 기질을 더욱 좋은 방향으로 향상시켜 주는 것이 가능하게 됩니다. 그리고 어머니 자신도 힘든 시기를 비교적 편안하게 넘길 수 있습니다.

　이 책에서는 기질별 육아법을 알기 쉽게 정리하였습니다. 그러나 모든 육아법의 비결은 기질과 관계 없이 모든 아이들에게 크건 작건 해당되는 부분이 있습니다. 따라서 먼저 우리아이의 기축이 되는 타입을 중점적으로 보고 그 외의 타입에 대해서도 부디 전체적으로 읽어주시길 바랍니다.

　또한 각각의 타입의 내용 중에 지정되어 있는 연령은 전후 1년정도의 기간을 두고 여유있게 봐 주시기 바랍니다. 예를 들어 네거티브 타입의 아이의 경우 5살에 '남을 배려하는 마음을 키워준다.'라고 되어 있습니다만, 아이들의 성장은 개인적인 차이가 있습니다. 5살이라도 배려심을 기르기에 아직 어린 아이들도 있습니다. 그럴 때는 아이의 상황을 보며 1년정도 기다려 6살에 남을 배려하는 마음을 키워주는 육아법을 적용해도 괜찮으니 유연하게 대처해 주십시오.

　'우리 아이는 발달에 문제가 있는 건가?'라고 걱정하실 필요는 없습니다. 아이의 성장에 맞추어 가며 정성을 다해 발달과업을 한 가지씩 달성해 나가는 것이 중요합니다.

　만약 아이를 키우는 것이 뜻대로 되지 않고 힘이 든다면 아이의 기질에 맞지 않는 방법으로 아이를 대하고 있는 것일 수 있습니다. 아이들 각각의 타입별 특징을 이제부터 자세히 설명하겠습니다. 부디 우리 아이에게 맞는 방법을 찾아 육아에 도움이 되시길 바랍니다.

차례

0세부터 6세까지
아이들의 기질에 따른 육아이야기
유별난 아이는 없다

시작하는 이야기	4

제 1장 (액티브 타입)
침착하지 못하고 난폭해 보이는 아이의 육아법

active

01 만 1세, 3세 때에는 신경을 많이 써야 하지만 만9세부터는 온순한 아이가 됩니다. 장래에 사업가나 발명가가 될 타입   48

02 태어날 때부터 어리광쟁이! 어리광을 충분히 받아주세요.   52

03 무엇이든지 해보려고 해서 힘들게 하는 시기, '안돼'라는 말을 너무 많이 하지 마세요.   55

04 절대 해서는 안되는 일은 '아파!', '뜨거워'와 같이 구체적인 말로 가르쳐 주세요.   59

05 외출했을 때 걷잡을 수 없이 떼를 쓴다면 화장실이나 계단처럼 아무도 없는 곳에서 진정시켜주세요.   61

06 한가지 일로는 최대 세 번까지만 주의를 주세요. 네 번 이상 혼내는 것은 효과가 없습니다.   63

07 친구들에게 난폭하게 행동하는 시기에는 장난감 보다는 자연속에서 자유롭게 놀 수 있도록 해주세요.   67

08 혼자서 조용히 무언가에 집중하고 있을 때는 말을 걸지 말고 조용히 지켜봐 주세요.   70

09 아이가 같은 일로 여러번 혼나면 자존감이 낮아지게 됩니다. 밖에서 혼이 났다면 부모님은 우선 위로를 해주세요.   73

10 어른들의 사정으로 아이가 무엇인가 해야 한다면 아이에게도 부탁을 해야 합니다. 훈육과 혼동하지 마세요.   75

제 2장 (네거티브 타입)
잘 웃지 않는 고집쟁이 아이의 육아법

01 네거티브 타입은 예술가나 스포츠 선수에 많은 기질! 만 2세, 4세, 10세를 잘 넘기면 그 뒤로는 키우기 쉬워집니다.   80

02 불만이 있는 것처럼 뻗대며 우는 것은 아기도 괴롭기 때문입니다.   84

03 아무리 달래도 울음을 멈추지 않을 때는 태아였을 때와 같은 자세를 만들어주며 안심시켜 보세요.   87

04 '싫어! 싫어!'만 계속할 때는 꼭 안아주며 달래주고 아이의 감정을 부모가 말로 대신 표현해 주세요.   91

05 고집은 어른이 되었을 때 에너지로 작용합니다. 싹을 꺾어버리는 일이 없도록 조심해 주세요.   94

06 하루에 30분, 아이에게만 집중하는 시간을 가지세요.   98

07 환하게 웃는 얼굴이 아니라도 아이는 충분히 즐거워하고 있습니다.   102

08 '안녕하세요!', '고맙습니다!', '미안합니다!' 인사를 잘하는 아이로 키우려면 부모가 먼저 모범을 보여주세요.   104

09 다시 한번 강한 반항기가 시작되는 만 4세 때는 폭언을 하거나 폭력을 휘두르는 경우도 있습니다.   106

10 배려심을 심어주기 위해서 힘든 경험이나 고생을 해보게 하는 것도 방법입니다.
[I 메시지]를 활용해 주세요.   111

제 3장 〈델리케이트 타입〉
겁이 많고 너무나도 섬세한 아이의 육아법

01 입학할 때 부모님을 힘들게 하지만 감성이 풍부한 예술가 타입!   116

02 소리나 빛의 변화에 민감하며 아기고양이처럼 작은 소리로 우는 아이. 말을 걸 때에는 작은 목소리로!   120

03 기는 것이 늦은 델리케이트 타입은 기는 자세로 놀게 하거나 계단을 기어 올라가는 놀이로 근육을 키워주세요.   123

04 여러 가지 색이나 소리로 감성을 자극해 주면, 상상력이 풍부하고 재능이 많은 아이로 자랍니다.   126

05 만 3세 이후 유치원에 보낼 때는 금방 적응하지 못하더라도 시간을 두고 천천히 적응시켜 주세요.   130

06 갑자기 혼자 두기보다는 아는 사람과 짧은 시간을 보내는 훈련을 하거나 성향이 맞는 선생님에게 부탁하여 적응하는 기간을 주세요.   132

07 장난감을 빼앗겨도 가만히 있는 것은 주위의 분위기를 탐색하고 있는 중! 결코 나쁜 것이 아닙니다.   137

08 학교에 가기 싫어하는 것은 부모의 압박이 강하기 때문일지도 모릅니다. '하고 싶은 대로 해도 돼'라고 하면 '한 번 가볼까?'라고 생각하게 될 것입니다.   139

09 자기 스스로 생각하는 아이로 성장시키기 위해서는 부모의 의견을 먼저 이야기 하는 것보다 '어떻게 생각해?'라고 물어봅니다.   142

제 4장 (텍스트 타입)
변명이 많고 건방져 보이는 아이의 육아법

01 텍스트 타입의 아이들이 만 6세가 될 때까지는 실패해도 괜찮다는 사실을 확실하게 알려줍니다.   146

02 사람을 보고 따라 하는 것을 좋아합니다. 부모님께서는 항상 웃는 얼굴을 보여주세요.   150

03 손가락질하며 '아, 아!'하고 말하려 할 때, 바른 언어로 많은 단어를 알려주세요.   153

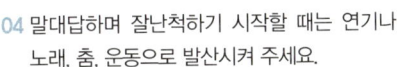

04 말대답하며 잘난척하기 시작할 때는 연기나 노래, 춤, 운동으로 발산시켜 주세요.   157

05 아이가 하고 싶어하는 것은 최대한 허용해 주시고 실패했을 때는 문제해결 방법을 배우는 좋은 기회로 활용하세요.   160

06 '1등이 아니면 안돼'라는 가치관을 바꿀 수 있도록 노력하는 과정을 항상 칭찬해 주세요.   165

07 변명이나 거짓말은 자기 방어반응! 혼내기 보다는 바른 해결 방법을 가르쳐 주세요.   168

08 아버지가 솔직하게 잘못을 인정하고, 사과하는 모습을 보여 주세요.   172

제 5장 (엔젤 타입)
흉내내기 좋아하는 느긋한 아이의 육아법

01 엔젤 타입은 인생을 즐기는 타입! 만 2세 때 집중력을 키워주고 성취감을 맛보게 해주면 문제 행동이 자연스럽게 없어집니다.   176

02 아기였을 때는 너무 순해서 자극이 적어질 수 있습니다. 아이에게 말을 많이 걸어서 언어발달을 도와주세요.   180

03 말이 늦고 큰소리를 지를 때에는 베이비 싸인을 활용해 보세요.   185

04 공놀이나 댄스로 우뇌와 좌뇌의 전환을 도와주세요. 악기 연주로 손의 소근육 발달을 도와주세요.   187

05 몸이 피곤해도 스스로 느끼지 못하는 경우가 있습니다. 부모님이 자주 건강을 체크해 주세요.   191

06 나무에 오르거나 벌레를 잡으며 자연 속에서 놀게 하면 집중력이 향상됩니다.   193

07 '어떻게 하면 될까?'라는 질문으로 스스로 생각해 보도록 해주세요. 살아가면서 필요한 지혜가 길러집니다.   195

08 건망증을 줄이기 위해서는 '예측뇌'를 키워서 다음에 무엇을 해야 하는지 스스로 생각해 낼 수 있도록 해주세요.   198

09 '공감뇌'가 자라는 만 5세 때는 [I 메시지]로 부모님의 감정을 전달해 주세요.   201

10 고쳐야 할 버릇이 있는 경우에는 버릇이 생긴 원인을 해결하고 나서 버릇을 고치도록 해주세요.   204

끝맺는 이야기   207

제 1장

액티브 타입

침착하지 못하고
난폭해 보이는 아이의 육아법

만 1세, 3세 때에는 신경을 많이 써야 하지만
만9세부터는 온순한 아이가 됩니다.
장래에 사업가나 발명가가 될 타입

액티브 타입은 남자 아이들에게 많기는 하지만 가끔씩 여자아이들에게도 보여집니다. 천진난만하고 호기심이 많기 때문에 환경의 변화나 자극에 정신을 빼앗기기 쉬워 좀처럼 한 가지 일에 집중하지 못하는 것이 특징입니다. 근육 발달이 좋아서 어떤 운동이라도 잘하는 만능 스포츠맨이며 항상 활동적이고 신나게 놉니다.

특히 어릴 때에는 '해보고 싶다!' 라는 마음을 억누르지 못하는 '충동성'이 강해 무조건 뛰어가고 만져보고, 굉장히 바쁩니다. 차분하지 못하고 잠시도 가만히 있지 못 합니다. 이런 기질이 제멋대로 말을 듣지 않는 것처럼 보이기도 하지만 '엄마~~'하며 어리광을 부리는 귀여운 면은 어머니를 행복하게 해줍니다.

친구들과 같이 놀 수 있는 나이가 되면 때리거나 밀거나 하는 행동을 하는 경우가 있지만 결코 나쁜 마음으로 그렇게 하는 것은 아닙니다. 친구가 가지고 있는 장난감을 보고 '만져보고 싶다!'는 충동을 느끼기 때문에 자기도 모르게 손을 뻗는다는 것이 에너지가 넘치는 바람에 그런 일이 생기게 되는 것입니다.

이러한 난폭함은 언제나 가지고 있습니다만 새로운 환경에 처하게 되면 흥분하여 더욱더 강하게 나타나게 됩니다. 그렇기 때문에 걷기 시작하는 1살, 유치원에 들어가는 3살의 시기에는 어머니를 난처하게 만드는 일도 많이 늘어날 것입니다. 초등학교 1학년 학기초는 각별히 주의가 필요한 시기라고 말할 수 있습니다.

그러나, 9살 정도가 되어 인지능력이 발달하게 되면 주위의 반응을 보는 능력도 커져서 놀랄 정도로 온순한 아이로 변하게 됩니다. 자신의 행동이 주위의 분위기에서 벗어나 있다는 사실을 인식한다든지, '어쩌면 나는 친구들이나 선생님에게 미움을 받고 있는 것은 아닐까?'라는 생각을 하게 되어 스스로 난폭한 행동을 줄이게 되는 것입니다.

난폭한 행동이 진정되어 가는 것은 사회를 살아가는 데에 필요한 '이해하는 힘'이 자라나기 때문입니다. **원래 착한 기질인 액티브 타입은 차분해지기 시작하면 부모에게 무척 착한 아이가 되어줄 것입니다.**

갑자기 아이가 조용해지면 부모는 '억지로 참고 있는 것인가?'라는 걱정이 될 수도 있겠습니다만 자존감만 다치지 않는다면 문제는 없습니다. 자존감이라고 한다면 '나는 존재할 가치가 있다.'라고 생각하는 마음입니다. 예를 들어 난폭한 시기에 '너는 나쁜 아이야!'처럼 아이의 인격을 부정하는 말을 해 버린다면, 아이는 '어차피 나는 아무에게도 사랑받지 못해!'라고 생각하게 되어 자존감이 낮아지게 됩니다. 그렇게 되면 무력감을 느끼고, 무엇이든 귀찮게만 느끼는 의욕 없는 아이가 되어버리는 것입니다. 그와 같은 아이는 어른이 되어도 한 가지 일을 계속하지 못하고 직장을 이리저리 옮겨 다니게 되기도 합니다. 어렸을 때 너무 심하게 혼내지 않는 것이 중요합니다.

난폭한 행동은 성장을 하면서 자연스럽게 없어지기 때문에 어렸을 때에는 너무 걱정하지 마시고 씩씩하게 성장시켜 주십시오.

액티브 타입의 장래는?

충동성이 강한 기질을 긍정적 방향으로 발전시킨다면 훌륭한 실천력을 보여주는 것이 액티브 타입입니다. 조직의 우두머리나 지휘관으로 큰 그림을 보며 조직을 크게 성장시키는 직업에 적합합니다. 새로운 사업을 성공시키는 사업가가 될 수도 있을 것입니다. 침착하게 전체를 살펴본다든지 정교한 작업에 집중하는 일은 서투르지만 커뮤니케이션 능력을 잘 길러 준다면 우수한 인재를 모아서 자신의 그런 부족한 부분을 채울 수 있을 것입니다.

또한 무엇이든지 스스로 확인하려고 하는 실험가인 액티브 타입이기 때문에 발명가와 같은 직업에도 적합합니다. 어렸을 때에 집중력을 길러 둔다면 실험과 실패를 반복해 가면서 열심히 연구에 몰두할 수 있을 것입니다. 실제로 발명가라고 불려지는 사람들은 어렸을 때 조용하지 못하고 좀 유별난 아이였다는 경우가 적지 않습니다. 1921년에 노벨 물리학상을 받은 아인슈타인도 사실은 액티브 타입이었다고 합니다.

실패를 두려워하지 않기 때문에 이런 아이들 중에는 '탐험가가 되고 싶어!'라고 장대한 꿈을 가지는 아이도 있겠지요. 미개척된 땅을 탐색하고 싶어하는 것도 액티브 타입다운 발상입니다.

Section 02

태어날 때부터 어리광쟁이!
어리광을 충분히 받아주세요.

액티브 타입의 아기들은 태어난 직후부터 남들보다 커다란 소리로 우는 것이 특징입니다. 얼굴이 벌겋게 되도록 힘을 주고 손발을 휘저으며 마치 몸의 전체를 사용해서 우는 것처럼 보입니다. 다른 아기들과 비교한다면 정말 온 힘을 다하여 우는 것입니다. 그러나 그렇게 심하게 울다가도 어머니가 안아주면 금세 울음을 그치기도 합니다. **몸을 만지는 것에 민감한 '촉각 우위'이기 때문에 어머니에게 안겨 살이 닿게 되면 안심을 하는 것입니다.** 안아주는 것뿐만 아니라 몸을 쓸어 주거나 부드럽게 쓰다듬어 주는 것을 좋아합니다. 5가지 타입 중에서도 가장 어리광이 많은 타입이기 때문에 어머니에게 달라붙어 있거나 스킨십을 하고 싶어하는 시간이 길 수도 있습니다. 계속해서 업어달라고 하는 아이들이 적지 않습니다.

모유도 굉장히 좋아하기 때문에 수유 중에는 아주 조용히 있지만 잠이 든 것 같아 이불에 눕히려고 하면 바로 깨어버립니다. 어머니의 젖에서 떨어지면 불이 붙은 듯이 울기 때문에 '젖이 모자라는 건가?' 라며 걱정을 하시는 어머니들도 있습니다만 아기는 어리광을 부리고 있는 것입니다. 순조롭게 체중이 늘고 있다면 걱정하실 일은 아닙니다.

또한 한때는 '너무 많이 안아주면 버릇없는 아이가 된다.'라는 설이 많았지만, 지금은 충분히 안아주는 것이 애착형성에 좋다는 설이 더 많이 받아들여지고 있습니다. **아기가 울고 있다면 걱정 말고 많이 안아주시기 바랍니다.**

액티브 타입의 아기에게서 볼 수 있는 행동

또 기저귀를 갈고 있을 때 그때 하필이면 쉬를 해버리는 아기가 있는데요, 이것은 갑자기 엉덩이가 노출되면서 놀라고 흥분하여 쉬를 해버리는 액티브 타입 아이들 특유의 현상입니다.

목욕시킬 때도 갑자기 따뜻한 물에 들어가면 깜짝 놀라서 울거나 버둥거리며 싫어하는 모습을 보게 됩니다. 그렇기 때문에 어머니는 '우리아이는 목욕하는 것을 싫어하나?'라고 생각할 수 있습니다만 그런 것은 아닙니다. 어머니가 몸을 꼭 안고 감싸듯이 안아주면서 물에 들어가게 되면 안정된 상태여서 괜찮을 것입니다. 그런 자세로 아이와 함께 욕조에 들어가는 것도 좋습니다. 호기심이 왕성한 액티브 타입의 아기는 깨어 있을 때는 언제나 사방을 두리번거립니다. 또한 장난감을 쥐어주면 휘두르기도 하고 입에 넣기도 하다가 결국은 휙 던져버리기도 합니다. 이것은 '어떤 감촉일까?', '던지면 어떻게 될까?'라고 생각하여 실험을 하고 있다는 증거입니다. 장난감이 싫은 것이 아닙니다 오감이 자극이 되도록 여러가지 감촉의 장난감으로 놀아주는 것이 좋습니다.

커다란 소리로 우는 액티브 타입의 아기는 복근이 잘 단련 되어지기 때문에 빨리 기어 다니기 시작합니다. '이것도 보고 싶다!', '이것도 만져보고 싶다!'라는 호기심으로 여기저기로 움직이고 싶어하기 때문에 어머니는 아이에게서 눈을 뗄 수가 없어 힘이 듭니다. 그러나 많이 기어 다니게 하면 몸의 근육이 더욱 튼튼해져서 일어서서 걷게 되었을 때, 그렇지 않았던 아이들보다 걸음걸이가 안정적입니다. 많이 기어다니게 해주십시오.

무엇이든지 해보려고 해서
힘들게 하는 시기,
'안돼!'라는 말을 너무 많이 하지 마세요.

만 1세가 되면 하고싶은 것을 실험하려고 하는 '외향적인 시기'에 접어들게 되기 때문에 부산스럽고 난폭한 기질이 겉으로 드러나기 시작합니다. 서서 걸을 수 있게 되면 시선은 높아지고 가고 싶은 곳에 얼마든지 갈 수 있기 때문에 아이는 대 흥분! 손에 닿으면 무엇이든지 만지려고 하고 테이블이나 계단처럼 높은 곳에 올라가고 싶어합니다. 어머니가 잠시 한눈을 판 사이에 도로에 뛰어들거나 길을 잃어버릴 수 있기 때문에 손이 많이 가서 부모가 힘들게 됩니다. 그러나 아이가 흥미를 가지는 것에 대해서 너무 '안돼!'라고 말하는 것은 좋지 않습니다. 액티브 타입의 아이들은 어른이 보기에는 장난꾸러기의 행동을 반복하지만 부모를 힘들게 하려는 의도는 아닙니다. '모양이나 감촉이 어떻지?', '던지면 어떻게 될까?', '물을 쏟으면 어떻게 될까?' 궁금하기 때문에 그것들을 **스스로 시험해 보면서 많은 것을 배우고 있는 중입니다.** 물건을 부수어버리는 것도 말하자면 실험의 결과. 이 결과를 통해서 아이는 물건들의 성질을 하나하나 이해해 가고 있습니다.

    그것을 어른들의 관점에서 '안돼!'라고 말해 버린다면 귀중한 호기심과 탐험심을 꺾어 버리는 것이 됩니다. 또 흥미로운 것을 실천하면서 '의욕'도 자라게 됩니다.

    그 의욕으로 인해 '배우는 힘'도 길러지게 됩니다. 배우는 힘이 없다면 어른이 되었을 때 사회를 살아나가는 데에 필요한 인내력이나 적응력도 키울 수가 없습니다.

주의를 주면서도 자유를 주어야 한다.

'안돼!'라고 말하면 더욱 더 큰소리로 울어서 어찌해야 할 지를 몰랐던 경험은 없으십니까? **그렇게 위험하지 않을 경우에는 될 수 있는 대로 자유롭게 하도록 내버려 두어야 합니다.** 물론 무엇이든지 마음대로 다하도록 한다면 나중에 뒷정리가 큰일이기 때문에 부모는 스트레스가 쌓이게 되겠지요. 그래도 '이것은 실험을 하고 있는 거지?'라고 이해하며 혼내지 말고 지켜봐 주십시오. 부서져서는 안되는 것은 미리 아이의 손이 닿지 않는 곳에, 보이지 않는 곳에 보관해 두는 것이 좋습니다. 만지면 다칠 수 있는 칼이나 공구 등 위험한 도구도 아이가 열 수 없도록 잠금 장치가 달린 서랍에 넣어 두도록 합시다.

그리고 어른이 옆에서 지켜봐줄 수 있는 여유가 있을 때는 못이나 압정 같은 '덜 위험한 물건'에 한해서 다치지 않을 정도로 만져보도록 해주는 것도 귀중한 경험이 됩니다. 피부에 닿아서 아프다고 생각하게 된다면 '끝이 뾰족한 것을 만지면 아프다.'라는 사실을 배우게 되어서 다음부터는 아이 스스로 판단해서 만지지 않게 됩니다.

이와 같이 배울 수 있도록 하는 경우에는 '봐, 찔리니까 아프지?'하며 말로 설명해 줌으로써 '만지면 위험하다.'라는 이유가 보다 정확하게 전달될 수 있도록 합니다.

장난치는 것처럼 보여도 실험을 하면서 배우고 있는 중

컵에 있는 물을 엎지르고 지켜보는 것도
아이에게 있어서는 실험.

Section 04

절대 해서는 안되는 일은 '아파!', '뜨거워!'와 같이 구체적인 말로 가르쳐 주세요

아이들은 어릴수록 자신에게 필요하지 않은 정보는 듣지 않고 흘려버리는 능력을 가지고 있습니다. 그렇기 때문에 이해되지 않는 어려운 말로 어머니가 혼을 낸다든지 '안돼!', '하지마!'와 같은 추상적인 말로는 아무리 이야기를 해도 아이의 귀에는 들리지 않습니다. 액티브 타입의 아이는 혼이 나도 눈을 마주치지 않는 경우가 많은데, 그것은 '관심이 없는 것은 듣고 흘려버린다.'라는 아이들이 가진 특유의 뇌의 움직임에 의한 것입니다.

반면, '위험해!', '아파!', '뜨거워!'같은 위험을 알리는 말은 자신에게 필요한 정보라는 것을 아이는 본능적으로 알아차립니다. **조금 강한 어조로 아이의 눈을 보며 '아파!'라고 일러주고 그리고 나서 요령 있게 다른 쪽으로 흥미를 돌려주도록 합니다.**

그렇지만 눈앞에 일어나는 일에 집중하고 있을 때는 위험을 알리는 말도 귀에 들어오지 않을 수 있습니다. 그와 같은 경우에는 먼저 큰소리로 '위험해!'라고 주의를 끌어 주십시오. 아이가 정신을 차리고 나면 다시 한번 '위험한 거야.'라고 가르쳐 주십시오. 바람직한 것은 아니지만 어머니라면 누구라도 한번쯤은 포기해버리고 싶을 만큼 참을 수 없을 때도 있습니다. 그럴 때에 조금이라도 냉정해 질 수 있는 여유가 있다면 손바닥으로 엉덩이를 때려 주십시오. 만약 엉덩이를 맞고 놀라서 울기 시작한다면 꼭 안아주어 안심을 시킵니다.

외출했을 때 걷잡을 수 없이 떼를 쓴다면
화장실이나 계단처럼
아무도 없는 곳에서 진정시켜주세요.

액티브 타입의 아이들에게 집안과는 다른 집밖에는 흥미를 끄는 것이 너무나 많습니다. 무엇을 보아도 실험해 보고 싶어하기 때문에 외출을 했을 때는 언제나 부모를 곤란하게 하는 행동을 합니다. 그러나 공공의 장소에서의 매너는 지켜야 하기 때문에 멋대로 하도록 내버려 둘 수는 없겠지요. 그렇다고 해서 강제로 실험하고 싶은 아이를 말린다면 아이는 울고불고 난리가 날 것입니다. 액티브 타입의 아이들은 우는 소리가 크기 때문에 더욱 더 부모를 난처하게 합니다.

이런 경우에는 '그만 좀 해!'라고 소리치고 싶은 기분을 조금 억누르고 아이를 안고 화장실로 갑니다. 주위에 신경을 끄는 것이 많으면 아이는 어머니의 이야기에 집중하지 못하기 때문에 먼저 아무도 없는 장소에 둘만 있도록 하는 것이 좋습니다. 그리고 먼저 **'그러면 안돼!'라고 강한 어조로 아이의 주의를 집중시키고 꼭 안아주십시오**. 액티브 타입의 아이들은 부모에게 반항하려는 강한 의사는 없기 때문에 이렇게 하면 아이는 금세 진정이 됩니다.

만 1세 정도에는 사회의 규칙을 가르쳐도 이해할 수 없습니다. 남의 집에 가거나 공공의 장소에서 말썽을 피울 수밖에 없는 것입니다. 아이를 생각한다면 아이가 어릴 때는 규칙을 잘 지켜야 하는 어려운 자리에는 될 수 있는 대로 데리고 가지 않는 것도 좋은 방법입니다.

한가지 일로는
최대 세 번까지만 주의를 주세요,
네 번 이상 혼내는 것은
효과가 없습니다.

만 1세 때는 '위험해!', '아프다!' 라고 하는 간단한 말밖에 이해가 되지 않습니다만, 2세가 되면 어머니의 말에 대한 이해도가 올라가게 됩니다. 그렇기 때문에 도덕심의 씨앗을 심어주기에 적절한 연령이라고 말할 수 있습니다. '식사를 할 때는 바른 자세로 앉는다.', '다른 사람의 물건을 가지고 와서는 안 된다'같은 보다 사회적인 일들을 가르치도록 합니다. 물론 가르쳤다고 해서 금방 그렇게 될 수는 없겠지만 이 시기에 부모가 가르치고 싶다고 생각하는 내용을 머릿속에 정리해 두도록 합니다.

교육을 시킬 때의 포인트는 한가지 일에 대해서 '세 번'까지! 그 이유는 세 번이 넘어가면 주의를 주어도 효과가 없기 때문입니다. 예를 들어 '앉아서 먹어야지!'라는 것을 세 번 이야기하면 서서 먹는 확률은 50%정도 줄어들 것입니다. 그러나 완전히 앉아서 먹을 수 있게 되지는 못 합니다. 그렇다면 네 번 이상 혼을 낸 경우에는 어떻게 될까요? 사실은 세 번 이야기 했을 때와 같은 정도 밖에 개선이 되지 않습니다. 다시 말해 아무리 입이 닳도록 주의를 주어도 아이의 행동이 변하는 확률은 50% 이상은 되지 않는다는 것입니다. 그뿐만 아니라 몇 번이나 같은 소리를 하게 되면 어머니도 결국 감정이 앞서게 되어 '앉으라고! 왜 이렇게 말을 안 들어!'라며 화를 내게 될 것입니다. 가르치고 싶은 것은 '앉아서 먹는다.'라는 것인데, '말을 안 듣는 아이'라고 아이의 인격을 부정하는 말까지 하게 되어버립니다. 그렇게 되면 아이는 앉아서 먹는 것을 배우는 것이 아니라 어머니의 말에 자존감을 잃어버리게 되는 것입니다.

이와 같은 부작용을 방지하기 위해서도 어머니와 아이 모두에게 가장 좋은 것은 '주의를 주는 것은 세 번까지만' 입니다. 세 번 주의를 주었으면 그 다음은 '안 되는 것은 기질이기 때문에 어쩔 수 없다.'라고 생각하여 그 이상은 혼내는 일이 없도록 해주세요.

일단, 주의를 줄 때에는 어머니의 목소리를 아이가 확실하게 들을 수 있도록 할 필요가 있습니다. 그렇게 하기 위해서는 조금은 강한 어조로 아이의 눈을 바라보면서 말을 합니다. 첫 번째는 '뭔가 소리가 들리는데?'라는 정도 밖에 전해지지 않을 것입니다, 두 번째에는 '어? 뭐지?'라며 들으려고 하는 생각을 하게 되고 세 번째가 되어서야 '엄마가 앉아서 먹으라고 말하고 있네!'라고 인식하게 되는 것입니다.

세 번 만 주의를 주는 것은 아이를 방임하는 것과는 다릅니다. **어머니가 준 주의는 아이의 머리 속에 입력되어 2년 후 정도가 되어 잊어버릴 정도의 시간이 지났을 때 변화로 찾아옵니다.** 실제로 4살 정도부터 갑자기 스스로 '밥을 먹을 때에는 앉아서 먹어야 해.'라고 말하며 얌전히 앉아서 먹게 됩니다. 천천히 아이가 자라는 것을 기다려 주세요.

확실하게 세 번까지만 주의를 주도록 한다면 2년후에는 그것을 실천하는 아이가 된다.

네 번이상 주의를 주어도 효과는 달라지지 않는다.
점점 더 큰소리로 세 번까지만 이야기해 주자

친구들에게 난폭하게 행동하는 시기에는
장난감 보다는 자연속에서
자유롭게 놀 수 있도록 해주세요.

일반적으로 2살 정도부터는 같은 또래의 아이들과 노는 기회를 늘리는 것도 중요하지만, 액티브 타입의 아이들은 친구들과 같이 놀게 되면 상대를 때리거나 장난감을 빼앗는 등의 난폭한 행동이 눈에 띄게 됩니다. 객관적으로는 폭력을 휘두르는 것처럼 보이겠지만 친구를 괴롭히려고 하거나 나쁜 마음으로 그러는 것은 아닙니다. 원래 속 마음은 착한, 그것도 액티브 타입의 기질입니다.

이와 같은 난폭한 행동이 나오게 되는 것은 장난감과 같은 '사물'에 흥미를 쉽게 가지기 때문입니다. 그런 특성을 거꾸로 활용하여 친구들과 놀 때 자연에서 자유롭게 놀 수 있도록 해준다면 폭력을 휘두르는 일은 없을 것입니다. 벌레를 잡고 풀밭을 뛰어 다니며 뒹굴고 작은 개울에 잎사귀를 떠내려 보내고 나무에 올라가는 등… 장난감으로 놀게 하는 것보다 이렇게 **자연에서 몸을 사용하는 놀이**는 활동적인 기질을 마음껏 발휘시킬 수 있습니다.

호기심이 왕성한데다가 몸까지 재빠르고 운동도 잘하기 때문에 액티브 타입은 벌레를 잡는 것도 잘합니다. 곤충 상자에 가득 매미나 메뚜기를 잡아오거나 쉽게 나무에 오르는 모습은 다른 아이들에게도 선망의 대상이 될 것입니다.

또 어쩔 수 없이 장난감으로 친구와 같이 놀다가 난폭한 행동을 해 버렸다면 다음과 같은 순서로 그러면 안된다는 것을 가르쳐 주십시오.

친구가 가지고 있는 장난감을 잡으려고 하다가 친구를 밀쳤다면 먼저 '장난감이 가지고 싶었구나!'라고 감정을 받아들여 줍니다. 그리고 '친구를 밀어 버렸구나!', '밀지 말고 빌려줄래 라고 말해보자!' 와 같은 순서로 **행동을 이해시키고 고쳐주는 것이 중요합니다.**

왜냐하면 아이는 장난감을 뺏은 것은 자각하고 있어도 그 방법으로 친구를 밀었다는 것은 잊어버리고 있는 경우가 대부분이기 때문입니다. 이와 같은 순서를 따라 말을 해 준다면 '아, 내가 밀었나?'라고 자신의 행동을 돌아보는 것이 가능하기 때문에 하지 말아야 할 행동을 이해하기가 쉬워집니다.

Section 08

혼자서 조용히 무언가에
집중하고 있을 때는 말을 걸지 말고
조용히 지켜봐 주세요.

3세가 되어갈 즈음의 아이들은 몸을 사용해 마음을 표현하고 싶어 하는 욕구에서 지능을 사용해서 마음을 표현하고 싶어하는 욕구로 변해 가게 됩니다. 이 시기에는 머리를 쓰는 놀이나 조용히 혼자서 즐기는 놀이를 하게 함으로써 집중력을 키워 줄 수가 있습니다. 또 **지능을 사용하는 놀이를 하면 움직여서 감정을 발산시키려는 충동을 잠재울 수 있습니다.**

반대로 이런 시기에 지능을 사용하는 놀이를 시키지 않으면 점점 더 차분함이 없어져 버립니다. 그렇게 되면 초등학교에 들어가서 책상 앞에 앉아 공부하는 것이 힘들어 지게 됩니다.

놀이의 방법도 생각해 보자

지능을 사용해서 노는 놀이라고 한다면 블록이나 퍼즐 등이 최적일 것입니다. 그림을 그린다든지 점토 놀이나 만들기처럼 머리 속으로 생각한 것을 표현하도록 하는 것도 좋습니다. 젓가락으로 콩을 옮기는 놀이와 같이 손의 소근육을 사용하는 놀이도 추천합니다.

퍼즐이나 점토 놀이를 하게 하는 타이밍은 말없이 혼자만의 세계에 빠져 있다든지, 미니카를 계속해서 왔다 갔다 시키는 것처럼 한가지 일을 몇 번이고 반복하는 모습을 보일 때입니다. 개미집을 발견해서 가만히 관찰하고 있다든지, 컵의 물을 엎질러 놓고 계속해서 바닥에 퍼트리고 있는 모습들을 보인다면 그것은 아이가 집중을 하고 있다는 증거입니다. 평소에는 가만히 있지 못하고 뛰어다니고 움직이는 아이가 20분 정도 조용히 집중을 하고 있다면 그것은 머리를 사용하기 시작했다는 사인. 어머니가 '퍼즐놀이를 해 볼까?', '점토 놀이를 해 볼까?'하며 권해 보시는 것이 좋습니다.

    액티브 타입은 주위가 어지러우면 집중할 수가 없습니다. **물건이나 가구가 많이 없는 방에서 놀 수 있도록 해준다면 블록이나 퍼즐도 흥미를 가지고 놀 수 있게 됩니다.** 그러나 그렇게 끈기가 있는 편은 아니기 때문에, 어려운 퍼즐은 금방 싫증을 낼 수가 있습니다. 그 점에 유의하여 조금씩 난이도를 올려 나가는 것이 좋습니다. 그리고 아이가 조용히 집중하고 있을 때에는 여러 가지를 머리 속으로 생각하고 있는 것이므로 조용히 지켜봐 주십시오. 가능하다면 살짝 시야에서 벗어난 곳에 있어 주는 것도 효과적입니다.

아이가 같은 일로 여러번 혼나면
자존감이 낮아지게 됩니다. 밖에서 혼이 났다면
부모님은 우선 위로를 해주세요.

아이가 유치원에 다니기 시작하면서 갑자기 친구를 뒤에서 밀어버린다든지 머리를 때리는 일이 생깁니다. 왜 이런 행동을 하는 것일까요? 그것은 친구와 함께 놀고 싶은 의사를 '나도 할래!', '같이 놀자!' 라는 말로 잘 표현하지 못하고 몸을 사용해서 마음을 전하려고 하기 때문입니다. 같은 이유로 큰소리를 지른다든지 높은 곳에서 뛰어 내린다든지 해서 다른 사람들의 주의를 끌려고 하는 행동도 보이게 됩니다.

맞은 아이나 밀쳐진 아이는 '선생님 00가 때렸어요!'라고 이르게 되고 부모는 유치원 선생님께 아이를 조심시켜 달라는 이야기를 듣는 일이 늘어 날 것입니다. 이와 같이 액티브 타입의 아이들은 어른들로부터 혼나는 일이 빈번하게 되는데, 그런 경우 어머니가 주의해야 할 것은 **2중 3중으로 혼내지 않는 것**입니다. 다시 말해 유치원에서 선생님에게 벌써 혼이 나고 왔는데 집에서 또 어머니가 화를 내는 것은 좋지 않습니다. 아이의 입장에서 본다면 누군가가 일러서 혼이 났다라고 생각하고 있을 수도 있을 것이고 같은 일로 몇 번씩 혼이 나면 어린 아이나 어른이나 언짢아지는 것은 마찬가지입니다.

만약, 유치원 선생님께서 '집에서도 잘 지도해주시기 바랍니다.'하고 말씀하셨다고 해도 벌써 한번 혼이 난 일이기 때문에 어머니는 아이를 다시 혼내실 필요는 없습니다. 오히려 유치원에서 혼난 날은 **같이 목욕을 하며 꼭 안아 주십시오. 아이가 안심 할 수 있도록 '사랑해!'라고 말해주며 스킨십을 해주세요.** 이것이 아주 중요합니다. 그렇게 하면 다른 아이들 보다 혼나는 일이 많아도 어머니의 애정을 느껴서 자존감에 상처입지 않고 씩씩하게 뛰어 놀며 건강하게 자라게 될 것입니다.

어른들의 사정으로
아이가 무엇인가 해야 한다면
아이에게도 부탁을 해야 합니다.
훈육과 혼동하지 마세요.

4세 정도가 되면 '공공장소에서는 조용히 해야 한다.' 같은 어느 정도의 규칙은 이해 할 수 있습니다. 이 시기에는 사전에 부모와 약속을 하는 것이 중요합니다. 이것을 우리는 프로미스법이라고 합니다. 예를 들어 '영화관은 다같이 영화를 보는 곳이니까 다른 사람들에게 피해가 되지 않도록 조용히 하자.'라고 미리 약속을 합니다. 아이는 규칙을 이해할 수 있는 나이가 되었지만 영화관에서는 조용히 해야 한다는 규칙을 누군가 말해주지 않는다면 아이로서는 조용히 해야 한다는 것을 알 수 없을 것입니다. 물론 미리 가르쳐 주었다고 하더라도 처음부터 규칙을 잘 지키는 건 어려운 일입니다. 그럴 때에는 '영화관에서는 조용히 해야 하는 거야, 약속했지?'라고 설명해주고 다시 약속을 하면 되는 것입니다. 처음으로 경험하는 것이기 때문에 잘 되지 않는 것이 당연한 것입니다.

 액티브 타입의 아이들은 아무리 말을 해도 일단 흥분하기 시작하면 약속 같은 것은 잊어버리게 됩니다. 이것은 기질의 문제로 약속을 어기는 것과는 조금 다릅니다.

 '아이들은 놀이로 배워간다.'고 합니다. 아이들의 배움은 원래 호기심에서 시작되는 것입니다. 호기심 많고 자유로운 아이들을 공공장소에서 조용히 시키는 것은 어려운 일입니다. 몇 번 이야기해도 되지 않을 때는 '아직 이런 곳에 오기는 이른가 보다!'라고 생각하고 공공 장소에 데리고 가는 것을 미루어 두는 것도 좋습니다. 하지만 어른들의 사정으로 어쩔 수 없이 데리고 가야 할 때가 있습니다. 그런 경우에는 '엄마를 위해서 조금 조용히 해 주겠니?'라고 부탁을 해야 합니다. 이것은 훈육시키는 것과는 다릅니다. 훈육과 부탁을 착각하여 버리면 '부모의 말은 절대적'이라는 인식이 생기게 되어 선악의 판단이 되지 않는 아이가 되어 버릴 것입니다.

그러면 아이에게 부탁을 하고 싶을 때에는 어떻게 하면 좋을까요. 부탁을 하기 위해서는 **부모와 아이 사이의 신뢰관계가 중요한 작용을 합니다.**

장을 보고 있을 때, 놀이터에 가서 놀고 싶다고 조르기 시작한다면 '그래, 엄마가 장을 다 볼 때까지 기다려'라고 부탁을 합니다. 그리고 장보기가 끝난 후에는 반드시 놀이터에 데리고 가주십시오. 이와 같이 **약속을 지키는 것이 반복이 되면 아이는 어머니에게 대해 '지금 참으면 내가 원하는 것이 반드시 이루어진다.' 라는 신뢰관계가 성립합니다.** 그렇게 되면 부모가 부탁할 때 아이는 기분 좋게 그 부탁을 들어 주게 됩니다.

어른이 약속을 지키지 않고 '안돼!', '참아!'라는 말만 계속한다면 아이는 당연히 고집을 부릴 수 밖에 없습니다.

약속은 반드시 지켜진다는 것을 알면 부탁을 했을 때 들어주는 아이가 된다.

제 2장

네거티브 타입
잘 웃지 않는
고집쟁이 아이의 육아법

Section 01

네거티브 타입은
예술가나 스포츠 선수에 많은 기질!
만 2세, 4세, 10세를 잘 넘기면 그 뒤로는
키우기 쉬워집니다.

negative

네거티브 타입은 여자아이들에게서 많이 보이며 남자아이들에게는 적은 타입입니다. 해본 적이 없는 일을 하는 것을 싫어하는 '회피성'의 기질이 있어서 새로운 일이나 처음 해보는 일은 피하려고 합니다. 또 '고집성' 도 도드라지기 때문에 아기 일 때에는 '환경이 조금만 바뀌어도 잠을 자기 않는다.','분유를 먹지 않는다.', '젖병을 싫어한다.' 와 같은 반응으로 부모를 곤란하게 합니다. 조금 자라게 되면 모든 일에 '싫어 싫어'를 연발하면서 울고불고 말을 듣지 않게 됩니다. '기분성'에도 영향을 많이 받아서 자신의 기분에 맞지 않을 경우 충동적으로 모든 것을 거부합니다. 말을 하게 되면서 폭언을 하기도 하고 한번 고집을 부리기 시작하면 아무리 설득해도 듣지 않기 때문에 부모가 무척 힘이 듭니다. 특히 만 2세, 4세, 10세 때에는 반항기가 오기 때문에 이 때에는 부모가 참기가 힘들 정도입니다.

불쾌한 감정을 그대로 표정과 행동으로 나타내는 것에 비해 즐거울 때의 표정은 크게 나타내지 않기 때문에 주위의 어른들로부터 '항상 기분이 안 좋아 보인다.', '귀엽지 않다.'라고 생각 되어지는 경우도 적지 않습니다. 그러나 결코 성격이 나쁘거나, 제멋대로 이기 때문에 그런 것이 아닙니다. **불쾌한 감정에 대처가 잘 되지 않아서 폭언을 한다든지 고집을 부리는 것 외에 해결방법을 잘 모르기 때문입니다.**

또한 이 기질이 이렇게 까지 어려운 것은 아이가 언제나 불안한 마음을 가지고 있는 것이 원인입니다. 마음속으로 '실패하면 어떻게 하지?', '안 된다고 하면 창피한데…', '나도 인정 받고 싶다.' 라고 생각하면서 그 불안감을 감추기 위해서 부정적인 말을 하거나 약자를 괴롭히는 것입니다. 마음은 순하고 매우 착한 아이입니다.

성장을 하면서 사회성을 몸에 익히게 되면 불쾌한 감정은 어느 정도 스스로 조절 할 수 있게 됩니다. 그러나 초등학생이나 중학생까지는 그것이 잘되지 않는 것뿐이므로 어렸을 때는 말이나 행동에 문제가 있어도 부모님은 **'불안해서 그러는구나!'라고 이해하며 잘 보듬어 주시기 바랍니다.** 물론 해서는 안 되는 것은 분명하게 주의를 주고 가르쳐 주어야 합니다만, 그 전에 먼저 아이의 불안한 마음을 전적으로 받아 들여 주는 것이 중요합니다. 그것을 이해해 주지 않고 혼을 내면 '나는 아무에게도 사랑 받지 못하는 아이야!'라는 생각에 자존감이 낮아지게 됩니다.

중학교에 들어갈 즈음에 자해 행위를 반복하거나 갑자기 화를 심하게 내는 아이가 되는 경우도 있으므로 각별히 신경을 써야 합니다. 부모님이 '네가 어떤 아이라도 엄마(아빠)는 너를 사랑해!'라는 말을 해주면서 애정을 표현해 주십시오. 표면적으로는 조금 건방지게 보이는 아이일 수도 있습니다만 적절한 육아방법을 알아둔다면 실제로 부모가 키우기 힘들다고 느끼는 점은 의외로 그렇게 많지 않은 타입입니다.

사랑하는 우리 엄마, 아빠에게 착하고 귀여운 면을 많이 보여줄 것입니다. 아이의 쑥스러운 듯한 귀여운 미소를 보며 육아의 즐거움을 느끼실 수 있을 것입니다.

네거티브의 장래는?

불안이 많은 기질이기는 합니다만 무엇인가에 집중하는 것으로 그 불안감을 해소 시키려고 하기 때문에 한 가지 일을 시작하게 되면 그것에 집중하여 끝까지 해내는 강한 마음을 가지고 있습니다. 공부나 스포츠 등에서도 일단 정한 것은 끝까지 해내는 것이 가능합니다.

지적 능력이 높으며 운동신경도 좋아서 본인이 '이거!'라고 정한 것은 어느 것이든 뛰어난 재능을 보여줄 것입니다. 네거티브 타입은 예술가 들에게 많이 보이고 스포츠선수들 중에도 적지 않습니다. 또 표면적으로는 다른 사람과의 커뮤니케이션이 서툴어 보이기 때문에 사람들 앞에 서는 일을 좋아하지 않을 것 같지만 실제로 리더를 맡았을 때에 사람들을 잘 이끌고 나아가는 센스를 보여줍니다. 이것은 **책임감을 통해 스스로의 존재 가치를 느끼고 그것으로 행복감을 느끼게 되어 더욱 노력하게 되기 때문**입니다. 주위의 평가를 많이 신경쓰는 타입이기는 하지만, 거기서 오는 스트레스를 스스로 잘 조절 할 수 있도록 이끌어 준다면 사회인이 되어 조직 사회에 들어가서도 크게 활약할 것입니다.

Section 02

불만이 있는 것처럼 뻗대며 우는 것은
아기도 괴롭기 때문입니다.

네거티브 타입의 특징은 새로운 자극을 싫어하는 '회피성'과 어느 정도 정해진 상태로 있어야만 안심이 되는 '고집성'이 강하게 나타나는 것입니다. 그렇기 때문에 아기였을 때에는 '안고 있지 않으면 운다.','마음에 들지 않으면 젖을 물지 않는다.' 처럼 자기 마음에 드는 상태가 아니면 뻗대며 울어버려 아무리 달래도 기분이 좋아지지 않습니다. 아기가 원하는 상태를 알기까지 부모에게는 시련과 같은 날들이 계속 되겠지요. 괴로운 얼굴로 괴로운 목소리로 울기 때문에 그 모습은 마치 불만스러운 것처럼 보입니다. 어머니는 마음속으로 '우리 아기는 나를 싫어하는 건가요?', '마치 불만을 품고 태어난 것처럼 보여요.' 라고 고민하는 분도 적지 않습니다.

고집이 세기 때문에 생활의 리듬에 순응하는 것도 힘듭니다. 그래서 규칙적으로 생활하는 '규칙성'에도 영향을 끼쳐서 다음과 같은 일들이 반복되어 일어나게 됩니다.

- 잠이 와도 울기만 하고 잠을 자지 않는다.
- 배가 고픈데 젖을 잘 빨지 못해서 운다.
- 잠에서 막 깨었을 때는 기분이 매우 좋지 않다.
- 힘들게 먹은 모유를 토해 버려서 금세 다시 배가 고파져 칭얼거린다.

이와 같은 상태가 되면 아무리 어머니가 안아주고 얼러주어도 기분이 좋아 지지 않고 1시간이라도 계속해서 울고 있을 수도 있습니다. 부모도 아기가 매일 울기만 한다면 지치게 되겠지요. 그러나 결코 부모님이 싫어서 울고 있는 것이 아닙니다. 아기도 처음 겪는 일이 너무 많아서 적응이 되지 않아서 힘들어 하고 있는 것입니다. **아이가 울며 어쩔 줄 몰라 하는 것은 '엄마, 도와 주세요!' 라는 아기의 SOS신호.** 끈기 있게 아기가 안심 할 수 있는 환경을 찾아 주시기 바랍니다.

아무리 달래도
울음을 멈추지 않을 때는
태어났을 때와 같은
자세를 만들어주며 안심시켜보세요.

네거티브 타입의 회피성과 고집성이 강한 특성은 불안감을 많이 느끼기 때문입니다. 태어나기 전에는 엄마 뱃속에서 평화롭게 지내고 있었는데 갑자기 바깥 세상으로 나와서 모든 것에 예민하게 반응하고 있는 것입니다. 말하자면 여러 가지 불안한 상태로부터 지켜주기를 바라는 마음, 안심 시켜주기를 바라는 마음이 '회피'와 '고집'이라는 형태로 드러나는 것입니다. 아기가 계속해서 울어서 어찌 할 바를 모를 때에는 먼저 아기가 불안해 하는 것을 없애주고 안심시켜 주어야 합니다. 그리고 아기를 뱃속에 있었을 때와 비슷하게 따뜻하고 평온한 상태로 만들어 주면 아기는 편안해 질 수 있습니다.

- 감촉이 부드러운 수건으로 감싸준다.
- 추울 때는 방안 온도를 올려주고 더울 때에는 방안 온도를 내려 준다.
- 꼭 안아서 아기와 피부를 맞대어 밀착시킨다.
- '불안하구나~ 괜찮아~'라고 부드럽게 말을 건넨다.

먼저 이와 같은 방법으로 아이의 불안을 가라앉히고 나서 '무엇이 불편한가?' 생각해 봅시다. 너무나 흥분해 있을 때에는 불쾌하게 느끼는 원인을 없애 주어도 계속해서 울 것입니다. 그렇기 때문에 먼저 안심시켜 마음을 가라 앉혀주고 난 다음에 쾌적한 환경을 만들어 주는 것이 좋습니다.

아기가 계속해서 울면 부모님도 정신적으로 힘들어져 그냥 울도록 내버려 두고 싶은 생각이 들 수도 있습니다. 그렇지만 그렇게 되면 점점 더 불안해 져서 계속 울게 될 뿐이므로 이 시기에는 **하루 종일이라도 안고 있겠다는 각오로 부모님의 애정을 듬뿍 쏟아 주세요.** 부모의 잠자리를 바꿔서 아기를 안은 채 어머니가 잠을 잘 수 있도록 하는 등 여러 가지 방법으로 극복해 봅시다.

이 타입은 낯가림이 심하기 때문에 다른 사람에게는 잘 안기지도 않습니다. 모르는 사람이 '귀엽네~'라는 말만 해도 입을 삐죽거리며 고개를 돌리거나 울어 버리는 정도로 불안을 크게 느끼는 것입니다. 아버지나 할아버지 할머니를 보고도 심하게 울어버리는 일이 적지 않습니다. 어머니로서는 주위의 사람들에게 난처한 일이기도 합니다. 그러나 어쩔 수 없는 일입니다. 절대로 아이에게 **'나쁜 아이네~'같은 부정적인 말은 하지 않도록 해주십시오.** 아기는 어른들의 감정을 민감하게 느끼기 때문에 말을 이해할 수 없더라도 자기를 싫어한다는 것을 알 수 있습니다.

아기는 태내와 같은 환경에서 안심한다.

부드러운 수건으로 감싸고 피부를 밀착시키면
아기는 안심해서 울음을 그친다.

Section 04

'싫어! 싫어!'만 계속할 때는
꼭 안아주며 달래주고 아이의 감정을
부모가 말로 대신 표현해 주세요.

2세 정도가 되면 스스로 걷고 밥을 먹을 수가 있게 됩니다. 그렇게 되면 자아가 생겨 나서 최초의 반항기가 찾아옵니다. 이 시기에는 하는 것마다 무엇이든지 '싫어!', '안 해!'라고 부정을 계속하기 때문에 흔히 '미운 2살'이라고 할 정도로 부모에게는 커다란 난관이 닥치는 시기입니다. 보통의 아이는 이와 같은 유별난 행동이 반항기가 끝나면 괜찮아 집니다만 네거티브 타입의 아이들은 원래부터 이러한 기질을 가지고 있습니다. 그렇기 때문에 반항기에는 다른 아이들보다도 더 손이 많이 갈 수 밖에 없을 것입니다.

밥을 주면 '싫어!', 빵을 주어도 '싫어!' '도대체 어쩌란 말이야!'라고 어머니가 화를 내면 금방 울음을 터뜨리고 한 시간 가량 울음을 그치지 않습니다.

아무리 그래도 도대체 왜 이렇게 싫다고 하는 것 일까요. 사실 빵을 주어도 밥을 주어도 거부한다는 것은 배가 고픈 것이 아니라 졸린 것일 수 있습니다. 원인은 다른 곳에 있을 수도 있다는 것입니다. 아이 자신도 자기가 뭔가 불편한 것은 알고 있으나 성장이 아직 미숙하다 보니 그것이 무엇인지 스스로도 이해 할 수 없는 것입니다. 그래서 '싫어!' 라는 한 마디로 표현 할 수 밖에 없습니다.

이와 같은 때에는 아이가 감정에 복받쳐있기 때문에 **우선 꼭 안아주며 등이나 팔을 부드럽게 톡톡 두드려 '터칭' 해주면서 불안한 마음을 받아주는 것이 중요합니다.** 그렇게 하면 아이는 안심하기 때문에 대부분의 불쾌감은 진정이 됩니다.

그리고 나서 '졸립구나!', '배가 고프구나!', '놀고 싶구나!', '불안하구나!', '덥구나'와 같이 아이의 감정을 말로 바꾸어서 표현해 주면 좋습니다. 말로써 표현해 준다면 현명한 네거티브 타입의 아이들은 자기의 감정을 말과 일치시키는 것이 가능합니다. **불안한 감정을 밖으로 쏟아내지 못해서 짜증스러워 하는 것처럼 보일 때에는 '이럴 때는 이렇게 말하면 되는 거야.'라고 감정을 표현할 수 있는 말을 많이 가르쳐 줍니다.** 이와 같이 기분을 말로 바꾸어 주는 것을 우리는 '리피트'라고 합니다.

만약 아이와 외출을 했는데 '싫어, 싫어!'가 시작되었다면 어떻게 할까요? 꼭 안아주면서 '집에 가고 싶어?', '싫어서 그러는 구나!'라고 말하는 것과 동시에 '터칭'을 계속 해주면 아이의 감정은 진정이 됩니다. 물론 아직 어린아이가 금방 부모님의 말을 들어주지는 않습니다. 그렇다고 하더라도 부모님이 화를 참지 못해 '그만 하지 못해!'라고 소리를 지르는 것보다는 훨씬 말귀를 잘 알아듣는 아이가 될 것입니다.

부모님이 꼭 안아주거나 터칭을 해주지 않는 아이들은 어디에 감정을 쏟아 놓아야 좋을 지 몰라서 감정이 고조되면 다른 사람을 문다든지 하게 되는 것입니다. 그럴 경우 사회성이 없는 사람으로 성장하기도 합니다. 갈 곳을 모르는 격한 감정을 부모님이 애정을 가지고 받아들여주지 않는다면 진정되지 않을 것입니다. 혼을 낸다고 해도 드러누워 뒹굴며 울거나 발을 구르며 고집을 부릴 뿐입니다.

Section 05

고집은 어른이 되었을 때
에너지로 작용합니다.
싹을 꺾어버리는 일이 없도록
조심해 주세요.

고집성이 강한 네거티브 타입은 자아가 생기기 시작하면 입는 옷부터 식사할 때 사용하는 그릇까지도 무엇이든지 자기가 좋아하는 것을 선택하고 싶어합니다. 어머니가 '이거 입으세요.'라고 하는 옷은 '싫어!'라고 하고는 결국은 세탁하려고 내어 놓은 옷을 가지고 와서 입으려 한다든지 밥을 컵에 넣어서 먹으려고 하는 등 이해하기 힘든 정도의 고집을 부리기도 합니다.

그렇게까지 고집을 부리는 것은 사실 부모님의 '이걸 입자!', '이 그릇을 써!'라는 강제적인 요구에 반항을 하고 있는 것뿐 입니다. 어떤 때에는 싫어하는 것만 아니라면 어떤 옷이든 어떤 식기든지 크게 상관하지 않을 때도 있을 것입니다. 위험한 것을 하고 싶어 한다면 어떻게든 다른 쪽으로 관심을 돌리도록 유도하는 것이 필요하겠지만 그렇지 않을 때에는 하고 싶은 대로 하도록 내버려 두는 것도 좋습니다. '밥은 밥그릇에 담아서 먹는 거야.', '옷은 매일 갈아 입어야 하는 거야.'라고 말해도 아직 이해 할 수 있는 나이가 아닙니다.

한편으로 절대적으로 마음에 들어 하는 인형이나 옷, 수건 같은 것이 있는 경우에는 그것을 항상 몸에 지니고 있는 것으로 불안함을 억제하려고 하는 경우도 있습니다. 그와 같이 특별한 물건이 있는 경우에 억지로 그것을 빼앗으려고 하지 말고 그 고집을 인정해 주는 것이 좋습니다. 생각해보면 고집이 있다는 것은 장래에 무언가 한 가지에 열중할 수 있어서 그 분야에서 두각을 나타낼 수 있는 에너지를 가지고 있는 것입니다. 더 없이 훌륭한 기질인 것입니다. 아이가 어렸을 때에는 '왜 이렇게까지 고집을 부리는 걸까?'라고 생각할 수 있는 쓸데없는 고집을 부리는 일이 많을 지도 모릅니다. 하지만 **아무 생각 없이 '그건 안 돼!' 라고 짓밟아 버린다면 기껏 가지고 태어난 훌륭한 기질을 꺾어 버리는 것이 될지도 모릅니다.**

눈앞에 10개의 선택 항목이 있다고 했을 때 네거티브 타입은 그 중에서 9개에 대해서는 반발을 하겠지만 남은 한 가지에 대해서는 전력을 다해 노력할 것입니다. 본인이 '이거!'라고 정한 것에 대해서는 공부든 스포츠든 끝까지 노력할 것입니다. 굉장한 노력가이기 때문에 하면 할수록 그 실력은 늘어 갈 것입니다. 어른이 되어서도 '이런 사람이 되고 싶다.'라고 꿈을 가지면 그 꿈을 이루기 위해서 꾸준히 노력하는 사람이 될 수 있습니다. 어릴 적 고집의 싹을 소중하게 다루어 주시기 바랍니다.

고집을 인정해 준다면 이것! 이라고 결정한 것을 끝까지 해내는 힘이 자라게 된다.

Section 06

하루에 30분,
아이에게만 집중하는 시간을 가지세요.

2살의 반항기부터는 아이도 하고 싶은 것을 어머니가 못하게 하여 아이의 마음대로 되지 않는 것에 대한 스트레스를 느끼게 됩니다. 매일 그러한 감정들과 싸우고 있기 때문에 그것을 발산시켜주는 것이 필요합니다. 그럴 때는 운동이나 그림 그리기 등의 표현활동이 효과적입니다. 또한 그런 시기에는 하루에 30분이라도 좋으니 다음에 유의하며 아이와 함께 시간을 보내주세요.

- 아이를 향하여 시선을 맞추어 앉는다.
- 아이가 무엇에 관심을 가지고 있는 지를 관찰한다.
- 아이가 하고 싶어 하는 것을 같이 즐긴다.
- 무언가를 가르치려고 하지 않는다.
- 말을 잘 듣게 하려는 생각을 버리고 위험한 일 이외에는 제지하지 않는다.

아이가 장난감을 가지고 놀다가 생각대로 잘 되지 않아서 화를 내거나 울 때에는 도와 주십시오. '엄마(아빠)가 다 해줘!'라고 할 지도 모릅니다. 하지만 그때 '스스로 해야지!'라고 이야기 해서는 안됩니다. 아이의 요청에 따라 대신 해주되, 어떻게 하는 지 그 방법을 잘 보여 주면 됩니다.

네거티브 타입의 아이들은 누군가로부터 '이렇게 해!'라고 지시 받는 것을 싫어하는 기질이기 때문에 **하루에 30분이라도 부모님이 자기가 하고 싶은 대로 놀아주면 아주 좋아합니다.** 그리고 '좋아하는 것을 자유롭게 할 수 있다.'는 것으로 아이의 마음은 놀라울 정도로 평화로워

져서 반항기의 유별남이 줄어 들 수 있습니다.

2살은 지능을 키우기에 적절한 시기이기도 합니다. 아이가 흥미를 가지고 있는 것을 어머니가 이렇다 저렇다 이야기를 하지 않고 같이 해주면 적극적으로 '스스로 배움'이라는 것을 알아갑니다. 일을 하는 어머니의 경우에는 하루에 30분이라고 해도 매일 그 시간을 내는 것이 어려울 수도 있습니다. 그럴 때는 10분씩 나누어서 하루에 세 번 하고 싶은 것을 자유롭게 하도록 하는 시간을 만들도록 하면 됩니다.

어린이집의 등 하원 하는 시간이나 식사 시간, 목욕하는 시간, 잠들기 전 시간 등을 이용해 아이의 이야기를 집중해서 잘 들어주는 것만으로 충분합니다. 날씨 이야기, 길가에 피어있던 풀꽃의 이야기, 어린이집에서 있었던 일 등 어떤 이야기도 상관없습니다. 아이가 흥미를 가지고 있는 것에 대해서 함께 공유해 주는 것이 중요한 핵심입니다.

식사할 때에는 '흘리지 말고 먹어야지!'라는 말만 하지 말고, 먹고 싶은 대로 먹도록 해주면서 아이가 말하는 것을 들어주며 즐겁게 밥을 먹는 것에 집중하도록 해 주십시오. 아무리 참으려고 해도 참을 수 없는 경우에는 '어머! 흘렸네?'라고 주위를 환기시키며 그 상황을 알려 주십시오. '흘렸을 때에는, 깨끗하게 닦아야 하겠지?'라고 웃으면서 말해 주십시오. 아마도 '아…실수했나?'라고 생각하며 손으로 닦는다든지 할 것입니다. 그것만으로도 충분히 효과가 있습니다.

목욕을 할 때에는 충분히 스킨십을 해 주십시오. 몸을 씻어 주거나 같이 탕에 들어가서 놀아주십시오. **스킨십이 충분한 아이들은 마음을 안정시키는 호르몬이 충분히 분비되기 때문에 온순한 편입니다.**

잠자리에 들 때에는 암시의 주문을 걸어 줍니다.'내일은 일찍 일어날 거야.', '친구와 화해 할 수 있을 거야.' '아무거나 잘 먹을 수 있을 거야.' 등 조금 걱정이 되는 일들이라면 어떤 것이라도 좋습니다. 잠들기 직전 마음이 편안해진 상태인 시간에 이러한 주문을 말해주면 잠재의식 속에 새겨진다고 합니다. 그냥 부드럽게 아이에게 이야기 해주는 것만으로 보통 때의 몇 배의 효과가 있을 것입니다.

Section
07

환하게 웃는 얼굴이 아니라도
아이는 충분히 즐거워하고 있습니다.

negative

반항의 시기는 부모에게 힘든 시간이긴 하지만 한편으로 아이는 표정이 점점 풍부해지면서 자신의 감정을 여러 가지 형태로 표현하게 되는 시기입니다. 슬퍼서 우는 것과 억울해서 우는 것이 다르게 나타나고 화가 났을 때의 표정과 부끄러워 하는 표정, 그리고 웃는 얼굴…지금까지와는 다른 얼굴의 표정들을 몇 가지나 더 보여 줄 것입니다.

단지 네거티브 타입의 아이들은 웃는 얼굴에 인색하여 웃어도 '풋!' 하고 끝나거나 표정에 약간의 변화가 있는 정도이기 때문에 주위 사람들에게 '잘 웃지 않는 아이네!', '엄마가 무뚝뚝한 사람인 가봐!' 아무 생각 없이 하는 이야기를 들을 지도 모릅니다. 부모님 이외의 사람에게는 별로 가까이 하지 않고 무엇을 해도 '싫어! 싫어!'를 반복하기 때문에 다른 사람들이 볼 때에는 귀엽지 않은 아이로 보여질 수도 있습니다.

그렇다고 해도 **언제나 같이 있는 부모님이라면 표정의 작은 변화에도 즐거워하고 있다는 것을 알 수 있습니다.** 주위에서 뭐라고 하든지 부모님에게 솔직한 얼굴을 보여 준다면 애정이 부족한 문제는 아닙니다. 자존감이 낮은 것도 아닙니다. 자신감을 가지고 아이에게 애정을 쏟아 주십시오.

Section
08

'안녕하세요!', '고맙습니다!', '미안합니다!'
인사를 잘하는 아이로 키우려면 부모가 먼저
모범을 보여주세요.

네거티브 타입의 아이는 다른 사람이 '안녕하세요!'라고 인사를 해도 대답을 잘 하지 못합니다. 게다가 화가 난듯한 표정으로 못들은 척하기 때문에 말을 걸어온 사람은 무안하기도 하고 귀엽지 않은 아이라고 생각할 수도 있습니다. 왜 인사를 하지 못하는 것일까요? 갑자기 다른 사람이 말을 걸어오는 것이 창피하다고 생각하기 때문입니다. 상대방이 인사를 했을 때 대답을 하고 싶지 않은 것도 아니고 먼저 말을 걸어온 사람이 싫어서도 아닙니다. 무척 오해를 사기 쉬운 타입이 바로 네거티브 타입이라고 할 수 있습니다.

그렇지만 어렸을 때부터 의식적으로 훈련을 한다면 네거티브 타입의 아이라도 인사를 잘하는 아이로 키울 수 있습니다. 사춘기에 들어간 아이에게 뒤늦게 인사 훈련을 시키는 것은 쉽지 않습니다. **될 수 있는 대로 빨리 인사하는 습관을 몸에 익히도록 해주는 것이 중요합니다.** 그렇게 하기 위해서는 부모가 아이 앞에서 솔선하여 인사하는 모습을 보여주는 것이 제일 좋습니다. 아이는 부모의 뒷모습을 보면서 자란다고 하는 말처럼 언제나 함께 있는 부모님이 언제, 어디서나, 당연하게, 누구에게나 인사를 하는 모습을 보인다면 네거티브 타입의 아이라도 '인사를 하는 것은 당연한 것이구나!'라고 생각하게 됩니다. 같은 방법으로 '고맙습니다!, 미안합니다!'라는 인사말도 사회에서 살아나가기 위해서는 중요한 말! 이런 말들도 부모님이 계속해서 모범을 보여주십시오.

Section
09

다시 한번 강한 반항기가 시작되는
만 4세 때는 폭언을 하거나
폭력을 휘두르는 경우도 있습니다.

negative

네거티브 성향의 아이가 4살 무렵이 되면 '스스로 하고 싶은데 잘 되지 않아!', '나를 인정해 주었으면 좋겠는데 몰라줘!'라는 생각과 현실과의 차이를 강하게 느끼며 아이는 화를 내거나 짜증을 내는 일이 많아지게 됩니다. 3살이 되면서 2살 때 시작된 '싫어!'라고 무조건 거절하던 태도가 조금씩 줄어 들다가 이 시기에 다시 시작됩니다.

더구나 이제는 성장을 해서 말을 잘 할 수 있게 되었기 때문에 '나빠, 미워!', '싫어, 저리 가!'하며 험한 말로 부정을 하게 됩니다. 또 다른 사람을 때리거나 발로 차며 폭력을 사용하는 경우도 있을 수 있습니다. 자신의 주장이 받아들여 지지 않으면 바닥에 누워 뒹굴며 울고불고 하는 것도 더욱 심하게 나타나므로 부모에게는 제2의 시련이라고 할 수 있습니다. 그 중에서도 문제행동을 나타내기 쉬운 대상이 '할머니, 할아버지' 등 부모처럼 친밀한 관계는 아니지만, 그러면서도 나에게 잘 해주는 사람입니다. 같은 네거티브 타입이라도 여자아이는 '싫어! 할아버지는 너무 싫어!'같은 심술궂은 말을 하고, 남자아이는 때리거나 차며 폭력을 사용합니다. 여기서 남자아이는 난폭하게 보이는 액티브 타입과 혼동하기 쉽습니다. 그러나 네거티브 타입의 아이는 고의성을 가지고 그런 행동을 하기 때문에 액티브 타입과는 다릅니다.

고의성이라고 하는 것은 '때리면 상대방이 싫어할 것이다.' 라는 것을 예측하고 행동하는가의 차이입니다. 네거티브 타입의 아이는 그것을 알고 있으면서 폭력을 휘두릅니다. 물론 아이가 어른들의 나쁜 마음처럼 악의가 있는 것은 아닙니다. 자기 자신도 어쩔 수 없는 짜증을 진정시키기 위해서 상대가 싫어하는 것을 알면서도 폭력을 휘두르게 됩니다.

사실, 언제나 함께 해주는 부모에게는 할아버지나 할머니에게 만큼 심한 말을 한다거나 폭력을 휘두르지는 않습니다. 실제로 많은 부모님들이 '우리 아이는 집에서는 그렇게 심하지는 않는데요…'라고 말씀하십니다.

네거티브 타입의 의외의 얼굴

왜 할아버지와 할머니에게만 태도를 바꾸는 것일까요? 그 이유는 네거티브 타입의 아이들은 의외로 사회성이 높기 때문입니다. 보육원이나 유치원과 같은 공공 장소에서는 다른 사람의 눈을 의식하여 우등생같이 행동하려고 하기 때문에 모범적인 범위에서 크게 벗어나는 행동은 하지 않습니다. 또한 현명한 아이이기 때문에 '심술을 부리면 상대방이 나를 싫어하겠지.'라고 생각합니다. 그래서 가장 좋아하는 부모님에게는 그렇게까지 심한 언행은 하지 않는 것입니다. 그렇다고 해서 할아버지나 할머니를 좋아하지 않는 것은 아닙니다. 오히려 가까운 사람이기 때문에 조금은 심술을 부려도 용서해 주겠지 하며 어리광을 부려 은밀하게 마음 속의 짜증을 해소하려고 하는 것입니다. 이렇게 할아버지와 할머니에게 심하게 말을 하거나 폭력을 휘두르는 현장을 부모님이 보게 된다면 아이를 꼭 안아주십시오. **문제행동을 한다는 것은 불안한 마음을 억누르지 못하는 감정이 원인이므로 먼저 꼭 안아주고 아이의 마음을 인정하고 받아들이면 아이는 안심하게 될 것입니다.**

처음에는 저항하려고 몸부림치더라도 '알겠어. 기분이 나쁘구나!'라고 '리피트'와 '터칭'을 해 주십시오. 점점 힘을 빼고 진정이 될 것입니다. 좀더 성장을 하게 되면 스스로 자기 감정의 격함을 억누르거나 다른 쪽으로 표현할 수 있도록 될 것입니다. 반항기가 한참일 시기에는 부모님들은 정말 심각한 걱정에 빠지실 수도 있지만 '이 시기가 지나면 진정이 될 거야…'라고 느긋하게 생각하며 현명하게 극복하시기를 바랍니다.

X '아이를 혼을 낸다'
O '감정을 인정해 주고 행동을 고쳐준다'

'짜증이 났구나. 언젠가는 진정이 될 거야.'라고 생각하고 아이를
안아주고 아이의 감정을 받아들여 줍시다.

배려심을 심어주기 위해서 힘든 경험이나 고생을 해보게 하는 것도 방법입니다.
[I 메시지]를 활용해 주세요.

만 5세는 '타인에 대한 배려'를 배울 수 있는 시기이기도 합니다. 다른 사람들과 협력하기 위해, 자신의 능력을 발휘하기 위해서도 의식적으로 배려하는 마음을 이때부터 길러야 합니다. 다른 사람을 배려하는 마음을 가지려면 먼저 다른 사람의 아픔을 아는 게 중요합니다. 그렇게 하기 위해서는 인내를 충분히 체험시키는 것이 중요합니다. 힘든 것을 경험하면 다른 사람을 위로할 수 있는 마음이 생깁니다. 또 무언가에 도전하여 실패한다면 그것은 속상한 마음을 경험할 수 있는 귀중한 체험이 됩니다.

아이 스스로 배우게 한다.

친구와 싸움을 했더라도 그것이 아이들끼리 해결이 될 것 같은 경우에는 굳이 어머니들은 싸움에 끼어들지 말고 지켜봐 주십시오. 슬픈 기분이나 참아야 하는 것을 배우게 됩니다. 무엇인가 뜻대로 잘 되지 않아 속상해 하고 있는 것처럼 보이더라도 그대로 조금 더 힘들어 하는 대로 내버려둡니다. 분한 마음을 느끼는 경험을 할 수 있을 것입니다.

부모라면 아이가 힘들어 하는 모습은 보고 싶지 않지만 부모님이 미리 손을 써서 리스크를 회피시키려 하면 이러한 중요한 감정의 경험을 아이는 배울 기회를 놓치게 됩니다. 또 자신의 불안을 잊어버리기 위해서 친구를 때리거나 괴롭히는 네거티브 타입의 아이에게는 '때리면 아프겠지? 너도 맞으면 기분이 나쁘겠지? 라는 말로 타이르면 아이는 상대방의 기분을 생각할 수 있을 것입니다. 거기에 더해서 **어머니가 자신의 감정을 아이에게 전달 하는 'I 메시지'를 사용하는 것도 매우 효**

과적입니다.

　영어의 I는 '나'라는 의미입니다. 말하자면 'I 메시지'라고 하는 것은 '나로부터의 메시지'로 주어가 부모님이 됩니다. 이것과 반대가 되는 의미로 'You 메시지'라고 하는 것도 있습니다. 'You'는 영어로 '당신'이라는 뜻이므로 이것은 '당신에게의 메시지'가 되어 주어는 아이가 되는 것입니다.

　아이가 무엇인가 했을 경우 '훌륭해!', '안돼!'라고 말하는 것은 'You 메시지'입니다. 이런 식의 표현은 아이를 평가하는 말을 전달하고 있기 때문에 'You 메시지'를 너무 많이 사용하게 되면 다른 사람의 평가를 너무 의식하는 아이가 되어버립니다. 'I 메시지'는 받아들이는 사람인 어머니의 기분을 전달하는 방법입니다.

　예를 들어 어머니가 '네가 친구를 때리는 것을 보니까 마음이 아프구나!'라고 말합니다. 그렇게 되면 아이는 자신의 행동이 주위의 사람들에게 불쾌감을 줄 수 있다는 것을 배우게 됩니다. 어른들 중에도 가끔 '다른 사람들에게 피해를 주면 안 된다.'라고 말하면서 정작 본인은 자기 맘대로 행동하는 사람이 있습니다. 분명히 직접적인 피해를 주지는 않을지 몰라도 그 행동을 보고 있는 것만으로도 간접적으로 주위의 사람들은 불쾌감을 느끼게 되는 일이 많습니다. 우리 아이가 그런 어른이 되어서는 안될 것입니다.

　5세 정도가 되면 **부모님이 자신의 기분을 말로 표현해주면 아이는 자신의 행동이 다른 사람들에게 나쁜 영향을 끼칠 수 있다는 것을 이해할 수 있게 됩니다.** 다른 사람의 기분을 배려하는 마음은 성숙한 어른이 되기 위한 기본이며 다른 사람들과 관계를 형성하면서 살아가는 데에 필요한 커뮤니케이션 능력을 키우는 것에도 도움이 됩니다. 계속해서 부모님의 기분을 아이에게 전달하도록 합시다.

제 3장

델리케이트 타입

겁이 많고
너무나도 섬세한 아이의 육아법

Section 01

입학할 때 부모님을 힘들게 하지만
감성이 풍부한 예술가 타입!

태어날 때부터 유리같이 섬세한 기질을 가지고 외부의 자극에 민감하게 반응하는 것이 델리케이트 타입의 특징입니다. 약 80%가 여자아이이며 남자아이에게는 드문 타입입니다.

델리케이트 타입의 아이들은 '규칙성'이 안정적이지 못해서 작은 자극이나 변화에도 생활리듬이 깨지기 쉽습니다. 또 네거티브 타입과 같이 새로운 것을 피하려고 하는 '회피성'이 있는데다가 '순응성'도 약해서 다른 사람과 거리감을 두는 타입입니다. 그렇기 때문에 모르는 사람이 가까이 오거나 말을 거는 것을 싫어합니다.

겁이 많기 때문에 다른 사람이 화를 내거나 큰소리를 내면 많이 무서워합니다. 이를테면 그것이 자신에게 상관없는 일이라고 하여도 크게 반응하여 울어 버리는 경우가 있습니다. 엄마가 옆에 없으면 불안해서 어쩔줄 몰라하기 때문에 잠시 화장실에 갔다 와도 난리가 나는 경우가 많습니다.

어린이집이나 유치원, 초등학교에 들어가게 될 시기에는 더욱 부모님을 곤란하게 합니다. 새로운 환경을 싫어하는 델리케이트 타입은 어린이집에 입원하기 전 체험 수업을 해보는 것만 가지고는 전혀 적응할 수 없습니다. 며칠을 다녀도 가기 싫다고 계속 울어서 어찌할 바를 모르게 합니다.

일단 익숙해진다면 다른 아이들과 마찬가지로 잘 지낼 수가 있지만, 그렇게 되기까지 시간이 많이 걸립니다. 1년 정도 긴 시간을 가지고 조금씩 적응하도록 해야 합니다.

친구와의 관계에서 친구가 '장난감을 빌려줘.'라고 말하면 자기가 가지고 놀고 싶더라도 '알겠어.'라고 말하고 줘버립니다. 또한 친구에게 '같이 안 놀아!'라는 말을 들으면 깊은 상처를 받고 오랜 시간 속상해 하며 울기도 합니다.

주위의 분위기에 어우러져 가는 것을 잘 못하기 때문에 단체 생활도 익숙하지 못합니다. 비슷한 타입의 친구가 있다면 그 친구와는 친해지지만 소극적인 성격이기 때문에 다른 많은 친구들과 같이 놀기까지는 여러 단계를 거쳐야만 합니다.

섬세한데다가 자신감도 없어 보이기 때문에 주위에서는 키우기 힘든 아이라고 생각할 수 있습니다. 실제로 다른 아이들과 같은 페이스로 무언가를 해야 할 때에는 자신의 능력을 발휘하지 못하기 때문에 조금 뒤쳐지는 경우도 있습니다. 그러나 일단 **자기 나름의 페이스가 허용되는 환경에서는 '사려 깊은 노력가'의 면모를 유감없이 발휘합니다.** 약해 보이기는 하지만 강한 의지와 야심을 가지고 있기 때문에 어떤 일은 깜짝 놀랄 정도로 간단하게 해내기도 합니다. 부모님은 '상처를 잘 받는 아이라서 어떻게 하지?'라고 걱정이 많으시겠지만, 오히려 강한 면도 함께 가지고 있는 타입이므로 안심하셔도 괜찮습니다.

델리케이트 타입의 장래는?

섬세하고 '감각우위'라고 알려진 델리케이트 타입은 보통의 사람들이 알지 못하는 미묘한 색이나 소리의 차이를 감각적으로 알아차리는 것이 가능합니다. 아름다운 것을 민감하게 느낄 수 있기 때문에 예술적인 면으로 탁월한 능력을 가지고 있습니다. 화가나 건축가, 음악가

처럼 예술적인 것과 관련있는 직업에 소질이 있습니다. 손재주가 있고 청각도 발달한 델리케이트 타입은 피아니스트 같은 쪽에 소질이 있으므로 하려는 의지만 있다면 훌륭한 연주가로 성장할 것입니다. 겉으로 보이는 인상과는 달리 **큰 꿈을 가지고 그것을 이루기 위해서 노력을 아끼지 않습니다.** 또한 앞을 내다보는 '예측뇌'도 발달되어 있기 때문에 계획적으로 착실하게 전진해 나아가는 타입입니다. 경쟁자에게 이기고 싶다고 생각하는 감추어진 에너지를 원동력으로 뛰어난 재능을 꽃피울 수 있게 된다면 세계적인 예술가로서 이름을 널리 알릴 수도 있을 것입니다.

Section
02

소리나 빛의 변화에 민감하며
아기고양이처럼 작은 소리로 우는 아이,
말을 걸 때에는 작은 목소리로!

델리케이트 타입의 아기는 태어나면서부터 아주 섬세합니다. 아기 고양이처럼 작고 가는 소리로 '응애~응애~'하고 웁니다. 새로운 것을 경험하는 것을 싫어하는 '회피성'이 강하기 때문에 어머니의 뱃속에서 나오면서부터 모든 것에 불안을 느낍니다. 극도로 겁이 많은 겁쟁이 기질이기 때문에 마치 생명의 위협이라도 느끼는 것처럼 공포심으로 가득 차 있습니다. 운다는 것은 불안하다는 증거입니다. 어머니의 온기를 느낄 수 있게 안아주십시오. 그때에는 부드럽게 '괜찮아~엄마 여기 있어.'라고 말 해주면 아기는 더욱 안심합니다. 터칭도 효과적입니다. **'엄마 손은 약손'이라는 말처럼 어머니의 손에는 아기를 안심 시키는 신기한 힘이 있습니다.** 처음에는 울음 소리의 리듬에 맞추어 부드럽게 토닥토닥 등을 두드려 '터칭' 해주고 조금씩 천천히 두드려 주십시오. 그러면 울고 있는 아기의 호흡이 진정되기 시작하면서 안심하고 잠이 듭니다

델리케이트 타입의 아기는 안아주는 것과 터칭을 아주 좋아합니다. 또한 다른 아이들 보다 '소리가 크게 들린다.', '빛이 눈부시다.', '기온의 변화를 느끼기 쉽다.', '섬세한 맛의 차이를 안다.'라는 특성이 있으므로 푹 잠을 자는 것처럼 보여도 작은 소리나 빛에도 눈을 뜨거나 커다란 소리나 목소리가 들리면 놀라서 울어버리는 경우가 있습니다.

아빠가 말을 할 때에는 겁먹은 듯이 울어 버리는 아기도 있습니다. 남자들 중에는 목소리가 큰 사람이 많기 때문에 보통으로 말을 걸었다고 생각해도 델리케이트 타입의 아기에게는 무섭게 느껴질 수 있습니다. **아빠가 아기에게 말을 할 때에는 작은 목소리로 부드럽게 하는 것**

이 좋습니다.

　이와 같이 주위가 조금이라도 어수선하거나 이불이 조금만 달라져도 잠을 자지 못하는 아기이기 때문에 아무래도 육아를 하는데 손이 많이 가게 됩니다. 그 중에서도 부모님을 가장 힘들게 하는 것은 미각의 섬세함입니다. 미묘한 맛의 차이에도 민감하게 반응하기 때문에 어머니의 모유만으로 자란 아이는 도중에 분유로 바꾸려고 하면 아주 어렵습니다. 이런 미각의 섬세함은 자라서도 달라지지 않습니다. 시중에서 판매하는 이유식은 먹지 못한다든지 어른과 같은 음식을 먹을 수 있게 되어도 편의점의 도시락이나 인스턴트 음식은 먹으려 하지 않는 경우도 있습니다.

기는 것이 늦은 델리케이트 타입은
기는 자세로 놀게 하거나
계단을 기어 올라가는 놀이로
근육을 키워주세요.

델리케이트 타입의 아이는 운동신경이 나쁜 것은 아니지만 우는 소리가 작기 때문에 복근이 발달하기 힘든 경향이 있습니다. 기기 시작하는 시기도 늦어지는 경우가 많아 '우리 아기는 좀처럼 기려고 하지를 않는데 잘 걸을 수 있을까요?'라고 걱정하는 부모님들도 계십니다. 그렇지만 기는 것이 늦더라도 걱정하실 필요는 없습니다.

아기는 기어다니기 시작하면서 전신의 근육이 발달하게 됩니다. 그때까지 복근이 별로 발달하지 않았더라도 일단 기기 시작하면 복근이 발달하기 시작합니다. 시작이 늦더라도 **기어다니기 시작하면 최대한 많이 길 수 있도록 하는 것이 좋습니다.** 기는 것으로 근육을 많이 발달시켜 두면 그 뒤에 걷기 시작했을 때 넘어져 다치는 것을 예방해 줍니다.

근육이 적고 넘어지기 쉬운 어린 아이이기 때문에 넘어졌을 때에 취하는 방어자세는 무척 중요합니다. 예를 들어 앞으로 넘어졌을 경우에는 손을 짚지 않으면 얼굴이 바닥에 닿게 됩니다. 반대로 뒤로 넘어질 경우에는 얼른 등을 구부려서 엉덩방아를 찧지 않는다면 머리를 다치게 되겠지요. 앞으로 넘어지는 경우도, 뒤로 넘어지는 경우도 방어자세를 취하기 위해 필요한 것이 상반신과 팔의 근육입니다. 그리고 이러한 근육은 어느 정도 기었느냐에 따라 발달 정도가 크게 달라지게 됩니다.

최근의 가정에서는 많이 기어다니게 하고 싶어도 여의치 않은 경우가 있습니다. 방이 좁아서 충분하게 돌아다닐 수 없는 경우도 있고 주변에 손을 뻗으면 잡고 일어설 수 있는 가구나 의자가 놓여 있으면 아기는 기는 것보다 잡고 일어서려는 경향이 있기 때문에 기어다니게 하기가 쉽지 않습니다. 그런 경우에는 **부모님이 기는 자세로 아기와 함께 놀아주기를 권합니다.** 무릎을 바닥에 대지 않고 편 상태로 기는 자세를 취하고 '○○이도 이렇게 할 수 있을까?'하며 아이에게 보여 줍니다. 제일 좋아하는 엄마(아빠)가 놀아주니까 분명 아이도 기뻐하며 따라 할 것입니다.

또는 계단을 올라가며 놀게 하는 것도 효과적으로 상반신을 단련시킬 수 있는 놀이입니다. 만 1살 정도가 된 아이는 손을 사용하지 않고서는 계단을 올라갈 수가 없기 때문에 자연히 손을 사용하게 되고 상반신과 팔의 근육을 발달시킬 수 있습니다. 그러나 계단에서 떨어지거나 다치는 일이 없도록 부모님이 옆에서 지켜봐 주시기 바랍니다.

Section
04

여러 가지 색이나 소리로
감성을 자극해 주면, 상상력이 풍부하고
재능이 많은 아이로 자랍니다.

느끼는 힘이 강한 델리케이트 타입은 일찍부터 감성을 일깨워 준다면 상상력이 풍부한 아이가 되어 다른 사람의 마음을 잘 알아주고, 아픔을 공감할 수 있는 사려 깊은 아이로 자랄 것입니다. 어른이 되어서는 깜짝 놀랄 재능을 보여주는 일도 종종 있습니다. 0세때에도 델리케이트 타입의 아기는 섬세한 색의 차이를 식별할 수가 있습니다. 또한 작은 소리의 저음과 고음도 구별 할 수 있고 수건이나 담요 등의 '미끌미끌', '거칠 거칠'이라는 질감의 차이도 구분할 수 있습니다.

일반적으로 아기는 흰색과 검은색 그리고 빨강색과 파랑색등 명암이 분명한 색만 인식할 수 있다고 합니다. 하지만 델리케이트 타입의 아기는 옅은 핑크나 하늘색 같은 색깔도 빨강이나 파랑과 다른 색이라는 것을 인지 할 수 있다고 합니다. 매끄러운 실크나 부드러운 가제 린넨과 같이 조금 뻣뻣한 질감들도 그 차이를 정확하게 알 수 있습니다. 엄마의 상냥한 목소리와 톤이 낮고 조금 무서운 아빠의 목소리도 그 차이를 알 수 있기 때문에 앞서 말한 것처럼 아버지의 목소리를 무서워하기도 하는 것입니다. 그렇다면 어떤 방법으로 그 감성을 발달시켜 주는 것이 좋을까요?

그것은 **섬세한 차이를 많이 느낄 수 있는 환경을 만들어 주는 것이 가장 효과적입니다.** 구체적으로는 '방안에 풍부하게 많은 색채를 사용한 그림을 걸어 둔다.', '감촉이 좋은 수건이나 담요를 사용한다.', '나뭇가지나 잎사귀, 조약돌과 같은 자연물로 놀게 해 준다.', '자장가나 동요를 어머니가 불러주거나 아이들용 CD를 들려 준다.'같은 방법들이 있습니다.

2세 정도부터는 '경험'을 할 수 있도록 해 주는 것이 좋습니다. 이 시기에는 감각과 기억이 합쳐져서 지식이 되어가는 시기이기 때문에 음악을 들으면 선율을 따라 부르기도 하고, 악기로 연주도 할 수 있습니다. 영화에서 외국어를 듣게 되면 원어민과 같은 발음으로 말할 수가 있으며, 미술관에서 그림을 보여 주면 마음에 드는 그림을 모방하여 그려 내기도 합니다. '임계기'라는 이 시기는 우뇌의 발달로 인해 오감 활동이 더욱 발달하기 때문에 '이 아이는 천재가 아닐까?'라고 생각할 정도로 아이가 능력을 보여주는 경우도 있습니다. 이처럼 델리케이트 타입의 아이는 특별한 능력을 가지고 있기 때문에 많은 경험을 하게 해주어야 합니다.

그리고 **아이에게는 '넌 아직 못해!', '안될걸!'같은 말은 하지 말아야 합니다.** 인간은 부정적인 말을 사용하면 같은 일을 몇 번이고 되풀이 해도 실패 할 확률이 높아진다고 합니다. 최고가 되는 상상만으로도 재능을 꽃피울 수 있습니다. '할 수 있어!' '괜찮아!' 라는 긍정적인 말로 아이의 가능성을 넓혀주시기 바랍니다.

감성을 길러주면 더욱 더 재능이 발달한다

Section 05

만 3세 이후 유치원에 보낼 때는
금방 적응하지 못하더라도 시간을 두고
천천히 적응시켜 주세요.

집단생활을 싫어하는 델리케이트 타입의 아이들은 다른 사람들과의 교류가 잘 되지 않기 때문에 모르는 사람이 많은 장소에 가는 것을 싫어합니다. 어린이집이나 유치원에 들어가게 될 시기에는 그 기질이 부모님을 곤란하게 합니다.

상담 사례 중에 이런 예가 있었습니다. 리사양은 3살이 되어 유치원에 다니기 시작했지만 매일 울면서 돌아오기 때문에 어머니는 걱정이 많았습니다. 아침에도 유치원에 가려고 하면 울면서 싫어했습니다. 처음에는 어머니도 '언젠가는 익숙해 지겠지.'라고 생각하고 보냈지만 유치원 선생님께 물어보니 원에서도 울기만 하는 것 같았습니다. 어쩔 수 없이 어머니도 '1년 더 있다가 4살이 되면 그때부터 유치원에 보내는 것이 좋을까?'라고 고민하고 있었습니다. 그때 저는 어머니께 이와 같은 제안을 했습니다. "1년을 늦추는 것은 크게 의미가 없을 것 같습니다. 좀처럼 익숙해지지 못하더라도 일찍 귀가 한다거나 일주일에 2일만 간다든지 해서 아이의 페이스에 맞추어 천천히 진행해 봅시다."

최종적으로 리사양은 1년이 걸려서 유치원에 적응했습니다. 4살이 되었을 때에는 다른 아이들과 마찬가지로 매일 즐겁게 다니게 되었습니다. 3살에 적응을 못하는 것은 4살이 되었다고 하여 금세 적응 할 수 있는 것은 아닙니다. '회피성'이 강한 델리케이트 타입의 아이는 새로운 환경에 익숙해질 때까지 다소 시간이 걸릴 뿐 환경에 적응이 불가능한 것은 아닙니다. **아이의 페이스에 맞추면서 조금씩 익숙해지게 합니다.** 부모님도 서두르지 말고 천천히 아이의 눈높이에 맞추어 주시기 바랍니다.

Section 06

갑자기 혼자 두기보다는
아는 사람과 짧은 시간을 보내는
훈련을 하거나 성향이 맞는
선생님에게 부탁하여
적응하는 기간을 주세요.

적응시키는 방법을 생각해 본다

새로운 환경에 자연스럽게 익숙해지기 위해서는 **모르는 사람들만 있는 장소에서 갑자기 혼자가 되지 않도록 하는 것이 중요합니다.** 예를 들어 유치원에 들어가기 전에 엄마와 떨어져서 할아버지나 할머니에게 짧은 시간이라도 맡겨보는 것도 좋습니다. 처음에는 엄마가 없다는 것만으로 계속해서 울지도 모릅니다. 그래도 할아버지나 할머니는 모르는 사람이 아니기 때문에 아이는 '이 사람이라면 안심 할 수 있어.'라고 생각해서 그렇게 오랜 시간이 걸리지 않아도 익숙해 질 수 있습니다. 이와 같은 체험을 먼저 시켜 놓으면 새로운 환경에 대한 경계심을 낮추어 줄 수 있습니다. 유치원에도 원마다의 규칙이 있겠지만 가능하다면 처음에는 어머니와 함께 등원을 하는 것도 한 가지 방법입니다. 회피성이 강한 델리케이트 타입의 아이라고 해도 유치원에서 다른 아이들과 즐겁게 놀다 보면 옆에 어머니가 없어도 신경 쓰지 않게 될 것입니다. 그렇게 되면 어머니는 적당한 때에 유치원을 나오면 됩니다. 만약 도중에 아이가 울거나 한다면 어머니가 데리러 가면 됩니다.

또는 아이와 잘 맞는 차분한 선생님께 부탁하는 것도 효과적입니다, 커다란 목소리로 '안녕하세요!'하고 인사를 하는 씩씩한 선생님은 일반적으로는 인기가 많은 선생님일지도 모릅니다. 하지만 델리케이트 타입 아이의 눈에는 무서운 선생님으로 보이는 경우도 있습니다. 그런 선생님보다는 목소리가 작고 차분한 선생님이 아이가 안심하고 적응하는데 효과적입니다.

그러나 어머니가 아무리 부탁을 해도 '특별한 대우는 안됩니다.'라고 하는 원도 있을 것입니다. 어떤 어머니는 아이의 기질을 이해 할 수 있도록 하는 수단으로 병원에 가서 진단서를 받아와야겠다고 말씀하시는 분도 계셨습니다. 아이에게 회피성이 강하다는 꼬리표를 달아주는 것이 목적이 아닌 '소극적이고 섬세한 아이'라는 기질을 유치원에서도 이해할 수 있도록 하는 것이 목적입니다. 제게 상담을 오시는 분들 중에는 섬세한 아이라는 의미의 [HSP(Highly Sensitive Person)]이라는 명칭으로 진단서를 받아왔다고 하는 분도 있었습니다. 다시 한번 말씀 드리지만 이것은 어디까지나 아이의 이러한 기질을 감성이 풍부한 하나의 개성으로 본다는 의미입니다. 아이의 개성을 이해한다는 의미로 의사선생님께 상담해 보는 것도 한 가지 방법일 수 있습니다.

그래도 유치원에 익숙해지지 않는 경우에는 일단 휴원을 하는 것도 염두에 둡시다. 어쩌면 적응시키는 방법이 조금 급했는지도 모릅니다. **시기를 봐서 다시 한번 해보면 됩니다.** 부모님의 노력에도 불구하고 그 원이 아이에게 맞지 않는다고 판단이 되시면 다른 유치원을 찾아보는 것이 좋습니다. 그 원에 문제가 있다는 것이 아니라 아이와 잘 맞는 선생님이 안 계신다거나 난폭한 아이들이 많은 유치원일 경우에는 델리케이트 타입에게는 힘들기 때문에 다른 유치원을 찾아주도록 합시다.

델리케이트 타입은 머리가 좋아서 말을 빨리 익힙니다. 그렇기 때문에 3살 정도가 되면 유치원에 가고 싶지 않은 이유를 스스로 설명할 수 있는 아이도 있습니다. 그 정도로 언어 능력이 발달한 아이라면 아이에게 **'왜 유치원에 가고 싶지 않지?'**라고 직접 물어 보고 해결방법을 찾을 수도 있습니다. 의외로 그 이유가 부모님이 직접 도와 줄 수 있는

정도여서 문제를 해결하고 즐겁게 유치원에 다닐 수 있게 된 경우의 아이들도 적지 않습니다.

　여러 가지 말씀을 드렸지만 요점은 억지로 다니게 하는 것은 가장 좋지 않은 방법입니다. 아이의 기질을 잘 이해하여 적절하게 도와주도록 합시다.

새로운 환경에 익숙해지는 방법을 생각해 보는 것도 중요

할아버지, 할머니와 함께 지내보도록 하여
다른 환경에 적응하는 것을 익힌다.

장난감을 빼앗겨도 가만히 있는 것은
주위의 분위기를 탐색하고 있는 중!
결코 나쁜 것이 아닙니다.

델리케이트 타입은 어린이집이나 유치원에서 친구에게 장난감을 빼앗겨도 울기만 할 뿐 되돌려 받으려고 하지 않습니다. 그것은 옥신각신하는 것을 싫어하는 기질과 관계가 있습니다. 장난감을 누가 가지는가 보다 '여기에서 문제가 일어나지 않는 것이 좋다.'라고 생각하는 타입이기 때문에 자기 나름대로 판단해서 장난감을 되돌려 받으려고 하기보다 말이나 행동으로 다투지 않는 쪽을 선택하는 것입니다.

이것도 델리케이트 타입이 사회를 살아가는 기술의 한가지. 본인에게는 하고 싶은 말을 하는 것이 더 힘들기 때문에 부모가 아무리 '뺏기고만 있지 말고 돌려 받아!' '하고 싶은 말은 해!'라고 해도 소용이 없습니다. 아무리 가르쳐도 성격을 바꿀 수는 없습니다. 부모님의 입장에서는 아이가 다른 아이들에게 당하기만 한다고 보실 수도 있지만 생각을 바꾸어본다면 **다른 사람에게 상처를 주지 않으려는 착한 아이**입니다.

또한 주위의 분위기를 파악하여 소동이 커지는 것을 막고 싶어하는 것은 다른 친구들이나 사회의 질서를 지키려고 한다는 증거입니다. 그렇다면 그것을 일부러 고쳐줄 필요는 없지 않겠습니까? 부모의 입장에서는 그래도 가끔은 하고 싶은 말을 다 하는 강한 아이가 되었으면 좋겠다고 생각할 지도 모릅니다. 하지만 이와 같은 인내심이 있는 델리케이트 타입의 아이는 다른 의미에서는 여느 아이들보다 강한 아이라고 할 수 있습니다.

학교에 가기 싫어하는 것은
부모의 압박이 강하기 때문일지도 모릅니다.
'하고 싶은 대로 해도 돼!'라고 하면
'한 번 가볼까?'라고 생각하게 될 것입니다.

만 6~7세가 되면 드디어 초등학교에 입학하게 됩니다. 유치원에 다닐 때까지는 적응을 잘 못하는 기질의 아이를 보며 '어쩔 수 없네…'라고 생각하고 있던 부모님들도 아이가 초등학교에 들어가게 되면 '학교 만큼은 적응시키지 않으면 안 된다.'고 생각하여 더욱 더 분발하는 경우가 적지 않습니다. 부모의 마음으로는 당연한 것이지요. 그러나 어머니가 억지로 보내려고 하면 할수록 아이에게는 부담입니다. 아이는 지금 가지 않으면 안 된다는 것을 알고는 있지만 아무래도 가고 싶지 않다는 생각 사이에서 어쩔줄 몰라 하고 있는 상태입니다. 이와 같은 상태가 지속되면 자신의 의견을 말하지 못하는 아이가 되어 심한 경우 성장한 후에도 사회에 적응하지 못하게 될 가능성이 있습니다. 그렇기 때문에 **부모는 끈기 있게 아이의 페이스를 고려하는 것이 중요합니다.**

실제로 등교거부를 하는 아이에게 부모가 '억지로 학교에 가지 않아도 된다.'라고 말을 하자 금세 아이가 먼저 '학교에 한 번 가볼까?'라고 간단하게 문제가 해결되는 경우가 셀 수 없을 정도로 많습니다. 아이들은 모두 본능적으로 '다른 사람과 함께 하고 싶다.'라고 생각하기 때문에 부모의 압력이 사라진 후에 마음이 가벼워지고 자연스럽게 학교에 가고 싶어지는 것입니다.

부모가 너무 강요하지 않는다면 아이는 학교에 가고 싶어한다

"지금 안가면 영원히 못가!"같은 말을 하면
아이는 더욱 더 가기 싫어한다.

자기 스스로 생각하는 아이로 성장시키기 위해서는
부모의 의견을 먼저 이야기 하는 것보다
'어떻게 생각해?'라고 물어봅니다.

델리케이트 타입의 아이들은 혼자서 너무 생각을 많이 하는 경향이 있습니다. 그렇기 때문에 아무것도 아닌 말과 행동에 상대방을 오해하여 나쁜 쪽으로 모든 것을 생각해 버리는 경우가 적지 않습니다.

친구에게 말을 걸었는데 친구가 대답을 하지 않으면 그것으로 '아.. 나를 싫어하는 건가?' '그러고 보니 전에도 대답을 안 했어.'라는 식으로 혼자 상상을 보탭니다. 거기에 그 이야기를 들은 부모님에게 '너를 무시하는 친구하고는 이제 같이 놀지마.'라는 말을 들었다면 어떻겠습니까? 더욱 더 상대방을 나쁘게 생각하게 되겠지요. 사실 그 친구는 무시한 것이 아니고 이쪽에서 부르는 소리가 들리지 않았을 지도 모릅니다. 그런데 부모님이 부정적인 시각으로 단정지어 버리면 아이는 스스로 생각하지 않고 부모에 의해 치우쳐진 사고를 하게 될 것입니다.

아이가 어머니에게 무엇인가를 이야기 할 때에는 '그래, 그래서 그때 기분이 어땠어?'라고 물어봐 주십시오. 그리고 만약 아이가 부정적으로 생각하고 있다면 '어쩌면 듣지 못 했을 수도 있지 않을까?'라고 말하여 다른 가능성도 있다는 것을 가르쳐 줍니다. 우리는 이것을 심리학적 용어로 '리프레임'이라고 부릅니다.

제 4장

텍스트 타입
변명이 많고
건방져 보이는 아이의 육아법

Section 01

텍스트 타입의 아이들이
만 6세가 될 때까지는
실패해도 괜찮다는 사실을
확실히 알려줍니다.

여자 아이들에게 많이 나타나는 경향이 있으나 대체로 남녀가 균등하게 나타나는 텍스트 타입은 아기 때부터 생활의 리듬을 확립하는 '규칙성'을 지니고 있기 때문에 부모님도 즐겁게 육아를 할 수 있습니다. 주위에 사람들이 많은 것을 좋아하기 때문에 모르는 사람이 다가가도 동요하지 않습니다. 낯가림을 하는 시기도 있지만 어머니 이외의 사람이 안아주더라도 경직되어 굳어버리는 일은 없습니다.

5가지 타입 중에서도 가장 우등생 타입으로 사람에게 흥미를 가지고 잘 관찰하기 때문에 말을 하는 것도 빠릅니다. 어른의 흉내를 내는 것을 '모델링'이라고 하는데, 텍스트 타입의 아이들은 모델링 능력이 뛰어나기 때문에 어른스러운 말투나 행동으로 주위 사람들을 놀라게 합니다. 2살이 되면 찾아오는 제1의 반항기에는 무엇보다도 말을 잘해서 건방진 말을 많이 하게 됩니다. 그렇기 때문에 부모님도 종종 기분이 나빠질 수 있습니다.

그 단계에서 조금 더 성장하면 주위의 평가에 신경을 많이 쓰는 경향이 나타나게 됩니다. 이 시기에 **'실패해도 괜찮다.'**는 것을 확실하게 **가르쳐주지 않으면** 거짓말을 하거나 실패를 두려워하는 아이가 되기 쉽습니다. 초등학교 2~3학년 정도가 되면 공부도 잘하게 되어서 웬만한 시험은 문제 없이 통과 할 수 있습니다. 그러나 텍스트 타입의 아이들은 자기 자신을 위해서가 아닌 부모나 주위의 기대에 부응하기 위하여 노력합니다. 그런 사실을 모르고 부모가 '더... 더...'하며 욕심을 부린다면 '항상 착한 아이로 있어야 한다.'라는 스트레스가 가중되어 초등학교 고학년부터 중학생 시기에 제2의 반항기가 오기도 합니다. 순종적이었던 아이가 갑자기 공격적으로 변하거나 부모에게 폭언을 하여 감당하기 어려워지는 경우가 있습니다.

우수하고 공부도 잘하는 텍스트 타입은 기본적으로 어른들의 말을 잘 듣기 때문에 어렸을 때에는 겉으로 보기에 부모를 곤란하게 하는 일이 별로 없습니다. 그러다 보니 부모는 '우리 아이는 뭐든지 하라는 대로 다 하니까.'라고 생각하며 자신이 지향하는 이상적인 아이로 키우려고 하는 경우가 많습니다. 하지만 그것은 더욱 더 '뭐든지 완벽하게 하지 않으면 안돼! 부모님의 기대를 져버리면 안돼!'라는 부담이 되어 모르는 사이에 아이를 억누르게 됩니다.

무엇이든 실수 없이 해내는 아이를 보면 욕심이 나게 마련입니다만 먼저 본인의 기분을 존중해 주는 것이 중요합니다. '학원에 간다. 시험을 본다. 가고 싶은 학교를 정한다.'라는 커다란 전환기에는 언제나 **본인의 마음을 우선으로 생각 할 수 있도록 해주어 스스로 정할 수 있도록 해주는 것이 좋습니다.**

텍스트 타입은 자라면서 자기주장이 강해지는 타입입니다. 그러나 어렸을 때부터 스트레스가 쌓이지 않게 조절해 주면 성장했을 때에도 문제행동을 일으키지 않게 됩니다. 아이에게 '착한 아이'가 되는 것을 바라지 말고 아이가 하고 싶은 것을 할 수 있도록 해 주십시오.

텍스트 타입의 장래는?

앞으로 일어날 일을 예측 할 수 있는 '예측뇌'가 발달한 텍스트 타입은 어렸을 때부터 장래의 일을 생각합니다. 하고 싶은 일에 관계되는 정보를 스스로 수집하여 어른스러운 관점으로 비교, 검토하기도 합니다. 때문에 '공무원은 안정된 생활이 되겠지?'처럼 별로 아이답지 않은 이유로 장래의 희망을 정하기도 합니다. 자기의 능력을 미루어 추정하여 현실적으로 가능한 꿈을 선택합니다. 텍스트 타입은 대부분 공부를 곧잘하기 때문에 결과적으로 확실하게 자신의 꿈을 이루어 가는 아이들이 적지 않습니다.

또한 사람들에게 무언가를 가르친다든지 이 세상에 공헌할 수 있는 일을 선호하는 기질이기 때문에 교사나 연구가, 경찰관 같은 꿈을 꾸는 경우가 많습니다.

델리케이트 타입을 함께 가지고 있는 경우에는 다른 사람에게 부탁 받은 일을 열심히 진행하는 사무직의 일에 잘 맞습니다. 그렇기 때문에 고등학생 정도시기에 어머니가 '공무원이 되는 것이 좋아.'라고 충고한다면 그 말을 바로 듣고 공무원을 목표로 하는 아이들도 나올 것입니다. 공부를 잘 하는 텍스트 타입의 아이들은 중앙 정부기관의 엘리트 코스를 목표로 하는 경우도 나올 수 있습니다.

Section 02

사람을 보고 따라 하는 것을 좋아합니다.
부모님께서는 항상 웃는 얼굴을 보여주세요.

아기 때에는 잘 자고, 자고 일어 났을 때에도 기분이 좋은 것이 특징 입니다. 모유도 많이 먹고 쑥쑥 자랍니다. 밤에 우는 일도 잘 없으며 울어도 그렇게 심하게 울지 않아서 어머니는 밤에는 푹 잘 수 있어 키우기가 수월합니다. 위에 오빠나 언니가 있어서 손이 많이 가는 육아를 한 경험이 있는 부모님이라면 '이렇게 키우기가 편한 아이가 있다니!' 라고 놀랄지도 모르겠습니다. 그렇습니다. 같은 부모에게서 태어난 아이들이라도 기질은 이렇게 차이가 납니다.

위의 아이를 키울 때 손이 많이 가서 힘들었던 부모님에게는 그렇게 안아주지 않아도 침대에서 곤히 잘 자는 밑의 아이를 보고 '애정 결핍이 되는 것은 아닐까?'하고 불안해질 수도 있습니다. 그렇지만 한참 잘 자고 있는 아기를 일부러 깨우면서 안아줄 필요는 없습니다. 기분 좋게 자고 있는 것을 방해하는 것이 아기에게는 더 불편한 일입니다. **텍스트 타입은 혼자 놔두어도 착하게 잘 자는 기질이라고 이해하시고 조용히 자도록 둡니다.**

사람을 좋아하는 아기라고 이해한다.

또한 텍스트 타입의 아기는 사람들을 보며 흥미진진. 다른 사람과 동조하는 것을 좋아하는 '순응성'이 강하기 때문에 항상 주위에 사람들이 있는 환경을 좋아하며 많은 사람들이 있는 가운데에서 행복을 찾는 경향이 있습니다. 이 기질은 제 5장의 엔젤 타입과 많이 비슷하기도 합니다만 텍스트 타입은 엔젤 타입과는 달리 감각이 무척 예민합니다. 델리케이트 만큼 넘치지는 않습니다만 조금이라도 소리가 나면 금세 시선을 옮기는 경우가 있습니다.

원래 사람을 아주 좋아하기 때문에 모르는 사람에 대해서도 거부감을 나타내는 경우는 별로 없습니다. 아무에게나, 아무렇지 않게 사람을 수용하기 때문에 부모 이외의 사람에게 안기더라도 얌전히 있습니다. 단지 사람을 관찰하는 힘과 알아 차리는 능력이 높기 때문에 모르는 사람에게 안겼을 경우에는 가만히 얼굴을 뚫어지게 쳐다보며 관찰할 것입니다. 어른들의 언행을 따라 하는 '모델링' 능력이 특히 높기 때문에 그런 식으로 어른을 관찰하고 그것을 흡수하여 따라합니다.

그 중에서도 **태어나면서부터 아이의 옆에 가장 오랫동안 있는 어머니의 언행은 모든 것이 아이에게는 모델이 될 것입니다.** 0세때에는 아무것도 이해하지 못한다고 생각할 지도 모르지만, 그렇지 않습니다. 아기는 어머니의 표정을 잘 보고 있기 때문에 언제나 웃는 얼굴로 즐겁게 생활하는 어머니라면 아기도 그렇게 성장할 것입니다. 반대로 언제나 바쁘고 무표정한 얼굴로 얼른 기저귀만 갈고 가버리는 어머니라면 아기도 마찬가지로 무표정한 아이가 될 수 있습니다.

요즘 부모님들은 바쁘시기 때문에 항상 시간에 쫓기시겠지만 **아기와 함께 있을 때는 부디 표정에 신경 써 주시길 권해드립니다.** 그리고 '엄마(아빠) 여기 있어 ~', '착하네~'하며 많은 이야기를 들려 주도록 해주십시오.

Section 03

손가락질 하며 '아, 아!'하고 말하려 할 때, 바른 언어로 많은 단어를 알려주세요.

텍스트 타입의 아이는 어른들이 놀랄 정도로 일찍부터 말을 잘합니다. 1세 정도가 되면 시야에 들어오는 것을 차례로 손가락질 하며 '아, 아!'라고 하며 부모님에게 말을 하려고 합니다. 이와 같은 '손가락질'이 시작되면 아이는 관심이 있는 그 물체의 이름이 알고 싶다는 사인을 보내고 있는 것이므로 흘려 버리지 말고 정성껏 대답을 해주십시오.

아이가 '아,아!'라고 말을 할 경우에 먼저 **무엇을 손가락으로 가리키는 것인가를 자세히 살펴 보십시오.** 그리고 난 뒤 고양이를 가리키고 있는 것이라면 '저것은 고양이야.'라고 **확실하게 알려주는 것이 중요합니다.** 텍스트 타입의 아이는 모델링을 잘하기 때문에 어머니가 가르쳐 준 말은 확실하게 듣고 익힙니다.

바른 언어를 가르쳐 준다.

말을 가르칠 때에는 '야옹이, 멍멍이, 빵빵'같은 아기들이 쓰는 말을 사용하지 말고 정식 명칭으로 '고양이, 개, 자동차'라고 가르쳐 주십시오. 처음에 아기말로 익히면 나중에 어른의 말로 다시 익혀야 하기 때문에 두 번일을 하게 됩니다. 아기니까 꼭 아기들이 사용하는 단어를 사용해야 된다는 법은 없습니다. 특히 텍스트 타입은 조금 어려운 말이라도 금세 익힐 수 있으므로 처음부터 정식 명칭을 학습하게 하는 것이 나중에 아이가 혼란스럽지 않습니다. 저의 경우 어렸을 때부터 영어를 외우게 하고 싶다는 생각으로 달을 'moon'이라고 가르쳤습니다만 어린이 집에 갔을 때 친구들이 'moon이 뭐야?'라고 아이에게 물어왔기 때문에 3세가 되어 처음으로 달이라는 말을 다시 가르쳐야 했습니다.

뭐든 지나친 것은 좋지 않더군요.

텍스트 타입은 부모님의 말에 흥미를 가지고 집중해서 듣습니다. 그리고 마치 어른이 '아 그렇구나~'라고 말하는 듯한, 이해하는 표정을 보이기도 하기 때문에 사물의 이름을 가르칠 때마다 부모님도 즐겁습니다. 다른 아이가 3가지 정도 밖에 말을 이해하지 못할 시기에 텍스트 타입의 아이들은 10개나 20개까지도 외울 수 있으므로 가르치는 보람도 있습니다.

그러나 생각하는 것보다 더 많이 **어머니의 말이나 행동을 관찰하고 있기 때문에 평소의 언행에는 충분한 주의가 필요합니다.** 부부싸움을 할 때 난폭한 언어를 사용하면 아이가 금세 따라 하기 때문에 조심하셔야 합니다.

X '아이가 손가락으로 가리키는 것을 흘려 버림'
O '아이가 손가락으로 가리키는 쪽을 봐준다'

바쁘더라도 일을 멈추고 아이와 함께 합니다.

말대답하며 잘난척하기 시작할 때는 연기나 노래, 춤, 운동으로 발산시켜 주세요.

갓 태어났을 때에는 비교적 키우기 쉬운 텍스트 타입이지만, 2세 정도에 제1차 반항기를 맞이하면 이 아이들도 무엇을 하든지 하나하나 '싫어!'라고 말을 하게 됩니다. 텍스트 타입의 아이는 많은 단어를 알고 있는 만큼 자신의 기분을 나름대로 말로써 충분히 표현합니다. 그렇기 때문에 난폭하게 군다든지 울고불고 한다든지 하는 행동으로 짜증을 발산하는 일은 별로 없습니다만 '그런 것은 싫어!, 몰라!'와 같이 또래 아이들보다 복잡한 말을 구사하여 자기 주장을 하게 됩니다. 하지만 '싫어!'라고 말을 해도 비교적 기분이 잘 변하는 기질이기 때문에 '저기에 커다란 곰돌이가 있어. 한번 가 볼래?'하며 어머니가 제안을 하면 금세 기분이 좋아집니다. 또한 주위에서 '같이 하자, 같이 하자!'라고 권하면 금방 동의합니다. 공원에서 친구들과 놀 때에 '싫어, 싫어!'가 시작되어 부모님을 난처하게 만들다가도 다른 아이들이 '같이 놀자, 그네 타자!'라고 말을 건네면 금세 기분이 좋아져 친구들과 어울리고는 합니다.

조금 자라서 유치원이나 초등학교에 들어가서도 '싫어! 귀찮아!' '그런 거 창피해!'라고 하며 불평불만을 이야기 하기도 합니다. 그럴 때 텍스트 타입 아이의 감정 상태가 잘 바뀌는 점을 슬기롭게 이용한다면 슬기롭게 대처하실 수 있습니다.

그렇지만 **감당하지 못 할 정도로 말대답을 하거나 건방지게 말을 하는 시기에는 꼭 운동을 시키도록 해주십시오.** 텍스트 타입의 아이는 마음속에 뭔가 불편하거나 짜증이 나려고 할 때 말로써 그것을 해소하려 합니다. 그것을 미리 알아 차리고 적극적으로 운동을 시키는 것입니다. 몸을 움직이는 것으로 '감정소화'의 효과가 있기 때문에 아이의 짜증은 자연적으로 해소되어 공격적인 말도 하지 않게 됩니다.

    그렇지만 텍스트 타입은 원래부터 종이 접기나 블록 퍼즐처럼 생각하면서 하는 놀이를 아주 좋아합니다. 몸을 사용하는 것보다도 머리를 사용하는 것을 좋아하기 때문에 스스로 운동을 하고 싶어 하는 일은 별로 없을 것입니다. 그렇기 때문에 **아이 스스로가 즐길 수 있는 형태로 운동을 시키는 방법을 생각해 볼 필요가 있습니다.** 사이 좋은 친구와 공원에서 놀게 하거나 아이가 싫어하지 않는다면 체조나 수영교실에 보내는 것도 추천합니다. 또는 노래나 댄스, 연기 등으로 발산 하는 것도 좋습니다. 텍스트 타입은 항상 좌우 균형을 맞추고 몸을 잘 움직여 사용할 수 있어 자세가 바르고 스타일도 좋은 경우가 많습니다. 첫눈에 딱 보았을 때 아름답다고 느낄 수 있는 댄스나 연기를 하면 좋습니다. 능숙하게 잘 해내서 칭찬을 받으면 기분이 좋아져서 스스로 댄스를 하고 싶다고 생각하는 것이 텍스트 타입 아이들의 특징입니다.

Section 05

아이가 하고 싶어하는 것은
최대한 허용해 주시고
실패했을 때는 문제해결 방법을 배우는
좋은 기회로 활용하세요.

주위의 평가를 너무 신경 쓰는 텍스트 타입은 언제나 우등생으로 있으려 하고 무엇이든지 잘하는 사람이 되고 싶어 합니다. 그러나 실패하는 경험을 하지 못하고 성장한다면 중학생 정도가 되어 낯선 실패를 경험했을 때 마음의 균형이 무너지는 경우가 있습니다. 아무리 열심히 한다고 해도 누구에게나 할 수 없는 일은 있습니다. 텍스트 타입의 아이들은 그럼에도 불구하고 무엇이든지 완벽하게 해내려고 필사적으로 노력합니다. 그러나 능력이 안되서 할 수 없는 현실의 벽에 막히게 되면 무척이나 힘들어 합니다. 그 중에는 과도하게 불안해하거나 긴장하는 아이도 있습니다. 불안한 마음이 너무 심해서 평정심을 잃어버리고 짜증을 내며 두통, 피로감, 불면증과 같은 여러 가지 증상을 호소하기도 합니다. 또한 많이 긴장을 하게 되면 다른 사람들 앞에서 자연스럽게 말하지 못하고 얼굴이 빨개지거나 손을 떠는 아이들도 있습니다.

이렇게 나중에 일어날 곤란함을 줄이기 위해서는 **어렸을 때부터 많은 실패를 경험해 보도록 하는 것이 중요합니다.** 할 수 없을 것 같은 것이라도 자꾸 시켜보는 것이 좋습니다. 텍스트 타입의 아이는 2세 정도부터 스스로 '해보고 싶어!'라는 말을 많이 하기 때문에 가능한 한 하고 싶은 대로 하게 해주세요.

- 옷의 단추를 스스로 잠그고 싶어 한다.
- 스스로 신발을 신고 싶어 한다.
- 음료수를 스스로 컵에 따르려고 한다.
- 어머니가 식사 준비를 하고 있으면 '나도 할래!'라고 말한다.

- 혼자서 양치를 하려고 한다.
- 목욕 할 때 스스로 몸을 씻는다고 말을 한다.

　이와 같이 여러 가지 경우에서 아이는 '내가 할래!'라고 말을 합니다. 다만, 실제로 해보게 하면 단추를 잠그려고 해도 혼자서는 할 수가 없으며 마지막에는 울고불고 화를 내며 끝나기도 합니다. 음료수를 컵에 따르면 반드시 엎질러 버리겠지요. 무엇을 해도 부모님을 성가시게 하는 일이 될 것입니다.

　그래도 '해보고 싶어!'라는 것은 존중해 주시기를 바랍니다. 음료수를 엎질러도 '그러니까 하지 말라고 했잖아!'라고 혼내지 말고 '엎질러져 버렸네. 어떻게 해야 할까?'라고 물어봅니다. 언제나 부모님이 테이블을 닦는 모습을 보아 왔다면 아이는 '닦아야지!'라고 대답을 할 것입니다. 만약 대답을 하지 못할 때에는 어머니가 걸레를 보여주며 '엎질렀을 때는 닦으면 되는 거야.'라고 알려 주십시오.

　신발의 왼쪽, 오른쪽을 거꾸로 신었다면 '신발을 반대로 신었네, 어떻게 해야 하지?'라고 물어봐 주십시오. 그리고 '다시 신으면 되는 거야.'라고 실패를 한 후의 대처방법을 가르쳐 주는 것이 중요합니다. 이와 같이 작은 실패와 실패 후 스스로 해결하는 일을 많이 반복하는 경험을 해 두면 성장해서도 스스로 역경을 이겨낼 수 있는 아이가 됩니다. 어른이 되었을 때는 자기 자신의 힘으로 살아 가지 않으면 안됩니다. 그때를 위한 작은 한 걸음이 될 것이므로 많은 시행착오를 겪으며 실패에서 해결책을 배우게 해주십시오.

부모님은 아이가 실패하지 않도록 도와주는 사람이 아니라 '실패했으면, 이렇게 하면 되는거야!'라고 아이에게 알려주는 사람입니다. '실패해도 잘 대처하면 괜찮다.'라고 생각한다면 장래에 커다란 실패에 직면 하더라도 그 해결책을 스스로 찾으려고 할 것이고, 씩씩하게 사회의 거친 파도를 넘어설 수 있을 것입니다.

도전해서 실패하여도 실패했을 때의 대처 법을 배울 수 있다

'1등이 아니면 안돼!'라는 가치관을
바꿀 수 있도록 노력하는 과정을
항상 칭찬해 주세요.

텍스트 타입은 완벽주의자에 자존심이 강하기 때문에 직접적으로 자신감을 가지게 해주는 것이 좋습니다. 예를 들어 **가치기준을 바꾸어 주는 것**도 그 중의 한가지 입니다. 텍스트 타입의 아이는 할 수 없는 일이 있으면 보이지 않는 곳에서 많은 노력을 하고, 연습을 많이 하는 아이들로 대단한 노력가입니다. 공부는 비교적 노력한 만큼 결과를 낼 수 있다고 하겠지만 달리기 같은 운동은 타고난 재능이 없으면 아무리 연습을 한다고 해도 일정부분 이상은 성과를 거두기 어렵습니다. 원래부터 운동 자체에 소실이 없는 텍스트 타입의 아이는 더욱 더 그렇습니다.

그와 같은 경우에는 '저번에는 5등이었으니까, 이번에는 4등을 해 볼까?'라는 방식으로 순위를 올려가는 것을 목표로 제안해 주시기 바랍니다. 그리고 목표가 달성되었을 때에는 '해냈구나!'라고 인정해 주십시오. 그렇게 함으로써 '1등이 아니면 안 된다.'는 기준을 바꾸어 줄 수가 있습니다.

또한 텍스트 타입은 사회성이 높기 때문에 아무리 어머니가 '다른 사람과 비교하지 않아도 된다.'고 이야기해도 좀처럼 그것이 쉽지 않습니다. 사람들에게 자신이 어떻게 보여지는 지를 굉장히 신경씁니다. 선생님이나 부모님에게도 사랑받고 싶어서 무의식적으로 착한 아이가 되려고 노력을 하게 되고 그것이 지속되면 피곤해집니다.

텍스트 타입은 그런 자신을 용납하지 못합니다. 더 노력하지 못하는 자신을 탓하기도 하고 자신의 한계를 벗어날 정도로 노력하고 애를 씁니다. 이러한 기질을 근본적으로는 바꿀 수는 없습니다. 그러나 적어도 자신을 너무 탓하지 않도록 할 수는 있습니다. 그렇게 하려면 어렸을 때부터 자신감을 가질 수 있도록 신경 써 주시고 '충분히 노력하고 있어.'라는 인식을 갖게 하는 것이 중요합니다. 그리고 부모님이 **'열심히 해.'라고 말하기 보다는 '열심히 하고 있구나!'라고 아이를 응원해 주시는 게 좋습니다.**

텍스트 타입의 아이는 언제나 노력을 합니다. 부모입장에서 본다면 태어났을 때부터 무엇이든지 다 잘 하는 아이이기 때문에 노력을 하지 않아도 잘하는 아이로 보일 수 도 있지만 **사실은 필사적으로 부모님의 기대에 부응하기 위하여 노력하고 있습니다.** 그 것을 항상 인정해 주십시오. 목욕을 할 때나, 잠자리에 들 때처럼 아이가 편안한 마음으로 있을 때에 '엄마(아빠)는 네가 착한 아이라도, 나쁜 아이라도 너를 사랑한단다.'라고 부드럽게 속삭여 주십시오. 그렇게 하는 것으로 아이는 '실패한다고 해도 엄마(아빠)는 나를 싫어하지 않아.'라고 생각하여 안심하게 되고 실패를 두려워하지 않게 됩니다.

Section
07

변명이나 거짓말은 자기 방어반응!
혼내기 보다는 바른 해결 방법을 가르쳐 주세요.

친구가 때리거나 심술을 부리면 '그러면 안 되는 거야, 선생님한테 말 할거야.'라며 심한 말로 친구를 비난하거나 선생님께 고자질을 하는 것도 텍스트타 입의 특징입니다. 지능이 높고 생각하는 것이 깊기 때문에 자기가 잘못을 했을 때도 이유를 늘어놓으며 변명을 하고 어떤 때는 거짓말을 하기도 합니다. 이러한 것들은 어떤 면에서 자기 방어입니다. 물론 거짓말을 했을 때에는 그것이 바르지 않은 행동이라는 것을 반드시 가르쳐주어야 하지만 **거짓말 한 것을 혼내서는 안됩니다.** 우선 아이의 입장에서는 거짓말을 하지 않으면 해결되지 않는 상황이 있었다는 것을 이해해 주고 나서 그런 상황에서 거짓말을 한다고 문제가 해결되지는 않는다는 것을 알려주어야 합니다.

아이가 거짓말을 하는 것은 다음과 같은 상황일 때 입니다.

- 진실을 말하면 혼날 것이라고 생각했을 때
- 자신의 의견을 들어 주지 않을 것이라고 생각했을 때
- 강한 압력을 느꼈을 때
- 실패하는 것이 두렵거나 싫을 때

거짓말의 뒷면에는 이와 같은 아이의 메시지가 숨어 있습니다. 다시 말해 **진실을 말했을 때 자신이 받을 상처가 두려운 것입니다.**

다음과 같은 예가 있습니다.
유치원에서 돌아온 캔타군의 가방을 어머니가 열어보니 처음 보는

장난감이 들어 있었습니다. 이상하게 생각한 어머니는 '이 장난감은 어떻게 된 거야?' 라고 캔타군에게 물었습니다. 그러자 캔타군은 '몰라.'라고 말하고는 서둘러 그 자리를 피했습니다. 어머니는 유치원에서 가지고 왔구나 라고 생각했습니다. 그리고 다시 한번 캔타군에게 '장난감이 가방에 들어 있네?'라고 물어 보았습니다. 그러자 캔타군은 고개를 떨구고 '응…'이라고 대답했습니다. 혼날 것을 두려워하고 있는 것 같았습니다. 하지만 어머니가 부드럽게 '유치원의 장난감이구나?'라고 물으니 순순히 고개를 끄떡였습니다. 진실을 말하면 혼나지 않을 것을 알았기 때문이겠지요. 어머니가 계속해서 '유치원의 장난감은 유치원에 다시 돌려 줘야겠지?'라고 말하자 캔타군은 웃는 얼굴로 '응, 돌려주러 갈래.'라고 말하였습니다.

　아이는 선악의 구분이 아직 잘 되지 않아 나쁜 행동을 하는 일이 있습니다. 그러나 그것이 잘못된 일이라는 것을 가르치고 바른 해결방법을 가르쳐 준다면 다시는 같은 일을 반복하지 않을 것입니다. 어머니가 '왜 거짓말을 하는 거야!'라고 혼내지 않는다면 나중에 또 다른 일로 실수를 했을 때도 거짓말을 하지 않고 처음부터 사실을 고백할 것입니다. 그런 경우에 의도적인 잘못인가 실수인가를 다그쳐 물을 필요는 없습니다. '남의 것을 가지고 왔을 때는 돌려주지 않으면 안 된다.' '피해를 주었을 때에는 사과를 해야 한다.' 이렇게 **자신의 행동에 책임져야 한다는 것을 가르치는 것이 좋습니다.** 그것이 사회성의 기본이 되는 것입니다. 거짓말을 하거나 변명을 해도 아무것도 해결되지 않는다는 것을 배우면 자신의 잘못을 다른 사람 탓으로 돌리지 않는 책임감 있는 어른으로 성장할 것입니다.

거짓말이나 변명을 하는 것은
자신이 상처받는 것이 두렵기 때문이다

화를 내지 않는다는 것을 알면 아이는 솔직하게 말한다.

Section 08

아버지가 솔직하게 잘못을 인정하고,
사과하는 모습을 보여 주세요.

6세 정도가 되면 일상의 여러 일들을 이해할 수 있기 때문에 어른들의 말과 행동의 뒷면에 있는 의미를 알아차리게 됩니다. 이 시기의 텍스트 타입에게는 **존경하는 사람이 실수를 하는 것을 보여주어 '어른이라도 틀리는 경우가 있다.' '잘못했을 때는 사과를 하면 된다.'라는 것을 가르치는 것**도 아이가 실패를 두려워하지 않게 하는 좋은 방법이라고 할 수 있습니다.

가장 가까운 곳에서 존경할 수 있는 사람이라고 하면 아버지일 것입니다. 아이에게 아버지는 크고 강한 무엇이든지 할 수 있는 슈퍼맨 같은 존재입니다. 그와 같은 멋지고 위엄 있는 어른의 남자가 잘못을 하고 솔직하게 사과를 하는 모습을 보여준다면 '잘못했을 때는 사과를 하면 된다.'는 것을 배우게 됩니다. '이렇게 훌륭한 사람도 실패를 할 때가 있구나.' '아~ 실패는 창피한 것이 아니구나.'라고 느낍니다.

실패를 하면 아무래도 부끄럽기 때문에 아이에게는 숨기려고 하는 아버지들이 있습니다. 아버지의 체면을 지키기 위해 실수를 인정하지 않고 실수를 다른 사람의 탓으로 돌리고 사과하지 못하는 경우도 있을 것입니다. 하지만 그런 아버지를 보고 자란 아이는 아버지와 똑같이 실패를 숨기거나 다른 사람의 탓으로 돌리는 아이가 되고 말 것입니다. 반대로 아버지가 솔직하게 '잘못했어, 미안해!'라고 말한다면 아이도 똑같이 실패했을 때 자기의 잘못을 제대로 인정하고 바로잡는 법을 배울 것입니다.

마찬가지로 **아버지의 '고맙습니다.'도 아이에게는 좋은 영향**을 줍니다. 아버지에게 감사인사를 듣는다면 어쩐지 자기가 대단한 사람이 된 것 같은 기분이 듭니다. '고맙다.'는 말을 들은 사람의 기쁜 마음을 보다 강하게 느낄 수 있게 됩니다. 그렇게 되면 아이도 스스로 '고맙습니다.'라는 인사를 잘 할 수 있게 되고 다른 사람의 마음을 헤아릴 줄 아는 아이가 될 것입니다.

제 5장

엔젤 타입
흉내내기 좋아하는
느긋한 아이의 육아법

Section 01

엔젤 타입은 인생을 즐기는 타입!
만 2세 때 집중력을 키워주고
성취감을 맛보게 해주면 문제 행동이
자연스럽게 없어집니다.

사람을 아주 좋아해서 주위의 분위기에 동조하는 '순응성'이 높은 엔젤 타입은 애교가 아주 많고 어른들로부터 사랑을 받습니다. 비율은 남자아이와 여자아이가 반반 정도이고 남녀 모두 느긋하고 태평스러운 마이 페이스의 기질입니다. 언제나 방글방글 웃으면서 부모님의 말을 잘 듣습니다만 자세히 살펴보면 자기 주장을 하지 못하거나 대답만 '네~~'라고 씩씩하게 하고 멍하니 있다가 중요한 것을 잊어버리고는 합니다. 액티브 타입과 같이 늘 뛰어 다닌다든지 난폭하게 하는 일은 없지만 오랜 시간 동안 가만히 있지 못합니다. 조금 특별한 일이 있으면 금세 기분이 좋아져서 너무 흥분해 버리는 경향이 있습니다.

아기였을 때는 얌전해서 거의 손이 가지 않는 아기 입니다만 초등학교 1~2학년이 되면 갑자기 침착하지 못한 기질이 표면으로 나타나기 시작합니다. 학교에서도 어수선해져서 옆에 있는 친구에게 참견을 하거나 친구와의 대화를 수업시간에도 끊지 못하고 계속하기도 하고 공부하지 않고 까불어서 선생님께 혼이 나는 일도 늘어날 것입니다. 좋게 말하면 '느긋하고 성격이 좋아서' 작은 일에 신경을 쓰지 않는 타입이지만 몇 번을 이야기 해도 한쪽 귀로 듣고 한쪽 귀로 흘려 버리기 때문에 전혀 태도가 좋아지지 않습니다. 부모는 '커서 세상을 잘 살아갈 수 있을까?'라는 걱정을 하게 하는 타입입니다.

그렇지만 2세정도부터 확실하게 집중력을 키우는 훈련을 한다든지, 노력을 해서 얻어내는 '성취감'을 느끼는 경험을 하게 해 준다면 일시적으로 침착하지 못하는 시기가 온다고 하더라도 자연스럽게 문제

행동이 줄어들게 됩니다. 어렸을 때 별로 문제 행동을 보이지 않는다고 해서 아예 손 놓고 있을 것이 아니라 앞으로의 일을 생각해서 **6세까지는 미리 어른이 되기 위한 준비를 시켜 두도록 해야** 합니다.

또한 다른 타입에 비해 길을 잃어 버린다든지 모르는 사람을 따라가 버리기 쉬운 타입입니다. '여기서 기다려!'라고 말을 해도 금세 그 약속을 잊어버리고 재미있어 보이는 것을 발견하면 그것에 정신이 팔려서 아무 생각 없이 그쪽으로 가 버리곤 합니다. 그렇기 때문에 어머니가 잠시라도 한눈을 팔면 미아가 되기도 합니다.

그것뿐만 아니라 누구에게도 공포심을 가지지 않기 때문에 말을 걸면 모르는 사람이라도 웃으면서 따라가는 경우가 있습니다. 엔젤 타입은 표정도 귀여워서 특히 나쁜 사람의 눈에 띄기 쉬울 수도 있습니다. 미리 조심해서 나쁠 것은 없으니 '혼자 있을 때 모르는 사람이 같이 가자고 해도 절대 따라가면 안 된다.'는 것을 아이에게 반복해서 가르쳐 둡니다.

엔젤 타입의 장래는?

텍스트 타입이 섞여 있는 경우는 강한 의욕을 가지고 있는 경우도 있습니다만 기본적으로 조화(어우러짐)를 좋아하는 엔젤 타입은 완벽을 추구하는 전문가가 되는 것은 그리 어울리지 않습니다. 어렸을 적부터 커다란 꿈을 가지는 것보다 행복한 꿈을 가지는 경향이 있어 여자아이라면 '신부가 되고 싶어.' '꽃집을 하고 싶어.'처럼 마음이 따뜻해지는 꿈을 이야기하곤 합니다. 실제로 어른이 된 후에도 앞으로의 일을 예측

하거나 대비하는 일은 하지 않기 때문에 되는대로 맡겨진 일을 하는 직업으로 선택할 수도 있습니다. 그러나 어떤 직업이라도 확실히 그곳에서 자신의 길을 찾아내기 때문에 인생 그 자체를 허비하거나 하는 것은 결코 아닙니다.

자존감이 높은 것, 어떤 일이라도 받아들이고 해내는 것이 엔젤 타입의 장점. 사람을 사귀는 것도 잘하기 때문에 더욱 더 즐겁게 인생을 살 수 있습니다. '좋아하는 것을 가지고 싶다.' '좋아하는 사람과 함께 생활할 수 있다면 행복하다.'라고 생각하는 것이 엔젤 타입입니다.

Section 02

아기였을 때는
너무 순해서 자극이 적어질 수 있습니다.
아이에게 말을 많이 걸어서
언어발달을 도와주세요.

엔젤 타입의 아기는 생활의 리듬이 안정적인 '규칙성'이 있어서 모유를 잘 먹고 잠도 잘 자는 것이 특징입니다. 언제나 기분이 좋고 방긋방긋 웃습니다. 조금 울더라도 모유를 주거나 기저귀를 갈아주면 금세 울음을 그치기 때문에 부모님에게는 정말로 키우기 쉬운 아기입니다.

잘 때 옆에서 어느정도 커다란 소리가 나도 깨지않고 온도나 습도에도 민감하지 않고 빛과 같은 자극이 있어도 강하게 반응 하지 않습니다. 자고 있는 아이를 안아 올리더라도 깨지 않고 그대로 쿨쿨 계속 잡니다. 이 타입의 아이들은 마이 페이스로 태평한 기질이기 때문에 조금 둔감한 면이 있습니다. 하지만 민감하게 보채지 않는다고 기저귀를 갈아주는 횟수가 적어지면 피부의 트러블이 일어나기도 하고 기저귀를 떼는 시기가 늦어지는 원인이 될 수도 있기 때문에 부모님이 기저귀가 더러워져있지 않은가 자주 체크해 주셔야 합니다.

또 잘 자는 것이 나쁜 것은 아니지만 너무 많이 자는 것은 조금 주의를 해야 합니다. 엔젤 타입의 아기들은 내버려 두면 하루 종일도 자기 때문에 수유시간에만 깨어 있기도 합니다. 또 잠에서 깼을 때 울거나 하지 않고 혼자서 조용히 놀고 있는 경우도 있습니다. 그러다 보니 양육자가 아무 생각 없이 아기를 눕혀놓기만 하기 쉬운데 사실은 여기에 함정이 있습니다. 잘 자는 아기는 부모와의 대화나 놀이 같은 자극이 적어지게 됩니다. 신경을 쓰지 않으면 감정이 발달하는 만큼 언어가 발달하지 못해서 만 1살이 지날 무렵에도 '키-키' '캬-캬'이렇게 소리만 질러서 자신의 의사를 표시하는 경우도 있습니다.

엔젤 타입의 아기는 **부모님이 항상 적극적으로 관심을 가져주어야**

합니다. 자고 있을 때에 일부러 깨우거나 할 필요는 없지만 깨어 있으면서 혼자서 얌전히 잘 놀고 있을 때에는 '오늘 날씨가 따뜻하고 정말 좋구나.', '바람이 세게 부는구나.'하며 부모님이 많이 말을 걸어 주고 좋은 자극을 주도록 하십시오.

0세의 시기는 인생 중에서 가장 심신이 많이 성장하는 중요한 시기입니다. 아기가 '우~', '아~'처럼 옹알이를 하면서 손발을 휘저을 때가 자극을 주기에 적절한 타이밍입니다. 이러한 움직임을 하고 있을 때에는 아기가 움직이고 싶어 하는 사인. 아기에게 말을 걸어 주며 부모님이 부드럽게 몸을 쓰다듬어 주거나 마사지를 해 주십시오. 그렇게 하면 몸이 자극을 받아서 운동 신경도 발달하게 됩니다.

반대로 모빌처럼 흔들 흔들 **움직이는 것을 가만히 계속해서 쳐다보고 있을 때는 감성이 성장하면서 무언가를 배우려고 하고 있는 타이밍**입니다. 이럴 때는 말을 걸거나 다른 자극을 주지 않는 게 좋습니다. 가만히 놔두는 것만으로 집중력을 길러줄 수 있습니다. 사람을 좋아하는 엔젤 타입은 장난감 중에서도 곰 인형이나 눈이 있는 인형에 관심을 보입니다. 그러한 장난감 이상으로 사람과의 커뮤니케이션을 좋아합니다. 그래서 낯가림도 그리 심하지 않습니다. 누구에게 안겨있어도 행복해합니다. 부모님이 없어도 다른 사람이 옆에 있어 준다면 울거나 하지 않기 때문에 부모님이 조금 서운하게 느낄 수도 있습니다.

조금 자라면 매사에 다른 사람의 흉내를 내고 싶어 해서 남동생이나 여동생이 태어난 가정이라면 부모님을 흉내 내어 이것저것 잘 도와줄 것입니다. 그러나 집중력이 오래가지 않는 것도 엔젤 타입의 기질.

열심히 도와주다가도 금세 싫증을 느껴 다른 놀이를 하러 가버릴 수도 있습니다.

자극이 필요한 때와 가만히 혼자 두어야 하는 때가 있다

움직이고 싶어 하는 아기에게는
손을 움직여 주거나 마사지를 해 준다.

말이 늦고 큰소리를 지를 때에는 베이비 싸인을 활용해 보세요.

성장의 과정에서 '키-키', '캬-캬'라고 큰소리를 내는 시기도 있지만 말을 하게 되면 자연히 그런 행동은 없어집니다. 가끔은 3세 정도가 되어도 그런 행동을 보이는 아이도 있습니다. 그런 경우는 아기가 더욱 많은 의사전달을 하고 싶어 한다는 증거로 생각하고 부모님이 상황에 맞는 말을 가르쳐 주는 것이 좋습니다. '배가 고프구나!' '졸리구나!' '기저귀가 젖어서 기분이 나쁘구나!' 처럼 아이의 그때 그때 상태를 보고 그 상황을 계속해서 '언어화' 시켜 주십시오.

그리고 동시에 베이비 사인을 사용해 보실 것을 권해드립니다. 베이비 사인은 생각하고 있는 것을 몸을 사용해서 전달하는 바디랭귀지입니다. 예를 들어 배가 고파서 울고 있다고 여겨질 때 부모님이 자기의 입가를 손가락으로 톡톡 두드리며 아이에게 '밥 먹을까?'라고 물어 보는 것입니다. 기저귀가 젖어 있어 큰소리로 울고 있을 때는 엉덩이를 가리키며 '기저귀를 갈아줄까?'라고 물어 봅니다. 졸린 것 같을 때는 양손을 포개어 뺨에 가져다 대면서 '졸려?'라고 물어보듯이 말해 보십시오. 2세 전의 아이들에게는 양손을 모으는 것이 잘 되지 않을 수 있으므로 한 손을 뺨에 가져다 대는 것으로 대신할 수 있습니다.

베이비 사인을 반복해서 사용하면 아이는 언젠가 부모님의 행동이 자신의 감정과 연결되어 있다는 것을 인식합니다. 그렇게 되면 자신의 기분을 전달하고자 할 때에 아기도 베이비 사인을 사용하게 됩니다. 자신의 기분을 어머니에게 잘 전달할 수 있게 된다면 큰소리를 내는 것보다 동작을 사용하는 것이 의사전달이 잘된다는 것을 깨닫게 되므로 '키-키' '캬-캬'하고 소리지르는 것도 차차 없어질 것입니다.

공놀이나 댄스로
우뇌와 좌뇌의 전환을 도와주세요.
악기 연주로 손의 소근육 발달을 도와주세요.

엔젤 타입은 '조절력'이라고 하는 능력이 미숙하여 우뇌와 좌뇌의 전환이 잘 되지 않고 선을 따라 똑바로 걸어가는 것이 잘 되지 않을 수 있습니다. 조절력이라는 것은 공을 원하는 방향으로 던지거나 차고, 날아온 공을 잘 잡을 수 있는 능력입니다. 이러한 능력을 키우기 위해서는 공놀이나 줄넘기를 많이 하도록 하고 원통이나 평균대를 걷는 놀이를 하는 것이 좋습니다. 한발로 뛰는 놀이도 좌우의 균형을 잘 조절해야 하는 놀이로써 우뇌와 좌뇌를 전환시키는 훈련으로 좋은 놀이입니다.

댄스도 그 중에 하나인데요, 순간적으로 좌우를 판단하는 것이 어렵기 때문에 선생님이 '오른쪽으로 돌아요.', '왼쪽으로 점프합시다.'라고 말하면 혼자서 다른 아이들과는 반대 방향으로 움직여 버리는 경우가 있습니다. 이와 같은 모습을 보고 있는 어머니는 '혼자만 안 돼서 열등감을 느끼는 것은 아닐까?'하고 불안하실 지도 모르겠습니다.

하지만 엔젤 타입은 자존감이 높으며 실패에 대한 두려움이 크지 않기 때문에 댄스 그 자체에 흥미를 가지고 있다면 혼자만 틀리거나 해도 신경 쓰지 않고 즐겁게 댄스를 배우러 다닐 것입니다. 너무 걱정하지 말고 우선은 **즐겁게 운동 능력을 향상 시키는 것에만 집중하면 되겠습니다.**

또한 '치밀성'이라고 불리는, 요령이 요구되는 움직임도 그렇게 잘 하는 편이 아니기 때문에 막연하게 '손을 끝까지 힘주어서 뻗어요.' '발끝까지 신경 써서!' 라고 가르쳐주더라도 그것이 잘 되지 않을 것입니다. 그래서 시간이 걸리더라도 잘하게 될 때까지 **즐거운 마음을 가지고 반복해서 훈련해야 합니다.** 엔젤 타입은 감성이 풍부하고 상상력이 뛰어나기 때문에 댄스에 재능이 있는 기질이어서 자연스레 댄스를 좋아할 가능성이 높습니다. 아이 스스로 좋아하기만 한다면 감성의 힘을 빌려서 손끝까지 힘을 주고 발끝까지 신경 쓸 수가 있게 될 것입니다. 그 다음은 반복되는 연습으로 얼마든지 잘 할 수 있게 됩니다.

그리고 악기를 연주하는 것도 좋습니다. 그 중에서도 손가락을 사용해서 연주하는 피아노 같은 건반악기들이 손가락 끝의 신경을 많이 사용하게 하기 때문에 더욱 좋습니다. 일단 잘 하게 되면 '하니까 된다.'라는 자신감이 생겨서 아이는 다른 많은 것들에도 도전하며 하나하나 배워나가게 될 것입니다.

즐겁게 몸을 움직이는 사이에 잘 할 수 있게 된다

평균대를 열심히 걷는다든지 피아노를 친다든지

몸이 피곤해도
스스로 느끼지 못하는 경우가 있습니다.
부모님이 자주 건강을 체크해 주세요.

엔젤 타입은 둔감한 면이 있어 열이 나도 좀처럼 몸이 늘어지거나 하지 않습니다. 그렇기 때문에 부모님이 아이가 이상하다고 알아차릴 때에는 이미 상태가 나빠진 후인 경우가 있습니다. 또한 어디가 아프다는 것을 알아도 구체적으로 어디가 아픈지 본인이 자각하지 못하는 경우도 있습니다. 초등학교 3학년 정도가 되어도 어디가 아픈지를 정확히 대답하지 못하는 일이 자주 있습니다. 건강의 문제는 발견이 늦어지면 치명적일 수도 있기 때문에 건강에 있어서는 충분히 주의해 주셔야 합니다.

게다가 배변의 타이밍을 습관화 시키는 것이 어려운 체질인데다가 변이나 소변의 사인에도 둔감해서 자신도 모르게 화장실 가는 것을 참아버리는 경우가 있습니다. 그렇지 않아도 아이들은 놀이에 집중하면 화장실에 가는 것을 잊어버리곤 하기 때문에 변비나 방광염이 되지 않도록 평소에도 항상 신경을 써 주어야 합니다.

식생활에서도 위장의 80%정도 차도록 먹는 것이 좋다고 하지만 이 타입의 아이들은 조절을 모르고 많이 먹는 경향이 있습니다. 엔젤 타입은 통통한 체형이 많은데 너무 심하게 비만이 되지 않도록 식사의 양을 적절하게 조절해 주는 것도 중요합니다.

위험을 감지하는 능력도 조금 둔감하기 때문에 다치기도 쉽습니다. 언제나 방긋방긋 웃어서 귀여운 반면 건강관리가 어렵고 부주의하여 다치기 쉽기 때문에 엔젤 타입의 아이들이 부모에게는 항상 걱정일 수 있습니다.

Section 06

나무에 오르거나
벌레를 잡으며 자연 속에서 놀게 하면
집중력이 향상됩니다.

자신이 가지고 있는 능력을 최대한으로 끌어내어 발휘하기 위해서 없어서는 안 되는 능력이 집중력입니다. 한 가지 일에 오랫동안 집중하지 못한다면 다른 사람의 이야기도 잘 들을 수가 없습니다.

엔젤 타입은 집중하는 것이 서툴기 때문에 무엇을 하다가도 금세 산만해져서 점점 다른 곳으로 흥미를 옮기게 됩니다. 불가능하다고 생각되었던 일을 열심히 노력하여 해내는 편도 아닙니다. 초등학교나 중학교에서는 '집중력이 없다.', '남의 이야기를 듣지 않는다.', '물건을 잘 잃어버린다.' 같은 지적을 받는 일이 많을 것입니다.

권해드리고 싶은 것은 이런 아이일수록 **자연 속에서 마음껏 놀 수 있는 시간을 많이 가지게 해주는 것**입니다. 원래 집중력이라는 것은 사냥을 하던 인류가 포획할 목표를 겨냥하기 위해서 몸에 습득한 능력이기 때문입니다. 자연 속에서 아이의 흥미의 안테나가 향하는 대로 행동하도록 내버려 두면 어떤 아이라도 하루 종일 질리는 일 없이 놀 수 있습니다. 그리고 놀고 있을 때에는 '어떻게 하면 나무에 잘 올라갈 수 있을까?', '누가 제일 많이 도토리를 주울 수 있을까?', '재빨리 벌레를 잡으려면 어떻게 해야 할까?'라는 것을 열심히 생각하면서 행동할 것입니다.

체험을 하면서 생각하고 있을 때는 집중력이 쑥쑥 늘어납니다. 그리고 한번 집중하는 것의 쾌감을 알게 되면 재미를 느끼고 무엇이든지 집중해서 할 수 있게 되는 것입니다.

Section 07

'어떻게 하면 될까?'라는 질문으로
스스로 생각해 보도록 해주세요. 살아가면서
필요한 지혜가 길러집니다.

인간은 여러 가지 경험을 쌓으며 살아가기 위해 필요한 지혜나 대처 능력을 몸에 익힙니다. 그렇기 때문에 **아이가 곤란해하고 있을 때도 부모님이 바로 개입해서 도움의 손길을 뻗어서는 안 됩니다.** 특히 엔젤 타입은 부모님에게 들은 말은 무엇이든지 순순히 받아들이기 때문에 자기 스스로 생각하는 습관을 길러두지 않으면 어른이 되어도 다른 사람에게 의존할 뿐 자신의 의견을 가지지 못하게 됩니다. 그렇기 때문에 2~3세부터 조금씩 생각하는 훈련을 시작합니다. 아이가 덥다고 울고 있다면 '더워서 그러는구나, 어떻게 하면 좋을까?'라고 물어봅시다. 항상 부모님이 옷을 벗겨주던 것을 기억한다면 '옷을 벗을래.'하고 말할지도 모릅니다. 그러나 어린 아이들의 경우에는 대답하지 못하는 경우도 많을 것입니다. 그와 같은 경우에는 될 수 있는 대로 많은 선택사항을 만들어 주고 '어떤 것으로 할까?'라고 선택하도록 해 줍니다. 이때에 부모님에게 부담이 되는 선택사항은 포함시키지 않는 것이 포인트입니다.

　외출을 했는데 아이가 피곤해서 울음이 터진 경우 부모님이 '안아준다.'는 선택사항을 말해버리면 아이는 생각할 것도 없이 '안아준다.'를 선택하겠죠. 그러나 나중에 아이가 성장하여 부모님이 안 계실 때에는 어떻게 할까요? 그때는 안아주는 것은 선택할 수가 없습니다. 부모님이 평생 옆에 있어줄 수는 없기 때문에 '벤치에 앉을까?', '천천히 걸을까?', '물을 마실까?'와 같이 나중에 혼자서 해결할 수 있는 선택사항을 말해주는 것이 중요합니다.

어떻게 할 지는
아이에게 선택하도록 한다

'에어컨을 켜 줄게.'처럼 부모가 정해 버리는 것이 아니고
여러 가지 선택 사항을 제시해 준다.

건망증을 줄이기 위해서는
'예측뇌'를 키워서 다음에 무엇을 해야 하는지
스스로 생각해 낼 수 있도록 해주세요.

엔젤 타입의 또 다른 문제점 중 하나는 몇 번을 주의를 줘도 물건을 자꾸 잃어버리는 것입니다. 모든 것을 깊이 생각하지 않기 때문에 부모님이 아무리 이야기해도 '네~'하고 대답은 잘 하지만 금방 잊어버리고 마는 것입니다. '손수건 챙겼어?', '휴지는?'하며 부모님이 하나하나 확인을 하지 않으면 아이는 오늘도 무엇인가 빼먹고 학교에 가거나 물건 하나를 잃어버리고 집으로 돌아올 것입니다. 어른이 되어서도 물건을 잘 잃어버린다고 한다면 무척 곤란하겠지요.

물건을 잘 잃어버리고, 해야 할 일을 잘 잊어버리는 것을 극복하기 위해서는 일을 예측하는 힘을 키울 필요가 있습니다. 만 4세 정도가 되면 앞으로의 일을 생각할 수 있는 '예측뇌'가 발달하는 시기입니다. 이 시기에는 **다음에 해야 할 일을 상상하도록 일상에서 여러 가지 생활교육을 할 수 있습니다.** 예를 들어 다음과 같은 말을 사용하면 효과가 있습니다.

- 현관에 들어가면 어떻게 해야 하지?-신발을 정리 한다
- 집에 돌아가면 무엇을 해야 하지?- 손을 씻는다.
- 잠자기 전에는 무엇을 해야 하지?-다음날을 준비
- 도로를 건널 때는 어떻게 해야 하지?-좌우를 꼭 확인한다.

먼저 아이에게 해야 할 일을 미리 확실하게 가르칩니다. '현관에 들어가면 신발을 정리하고 들어가는 거야.' '자기 전에는 다음날을 준비하도록 하자.' '외출하기 전에는 잊어버린 것이 없는지 확인해 보자.' 라는

식입니다. 이런 교육이 잘 이루어진다면 그 다음은 가르친 것을 기억할 수 있도록 합니다.

집에 들어갈 때 문의 손잡이를 잡으며 '현관에 들어가면 어떻게 해야 하지?'라고 말합니다. 처음에는 '뭐지?'라고 말할지도 모릅니다만 그럴 때는 '신발을 정리하고 들어가야지.'라고 가르쳐 주십시오. 이것을 몇 번 반복하게 되면서 어머니가 말하지 않아도 신발을 정리하고 들어가는 것을 기억할 수 있게 됩니다.

같은 방법으로 '자기 전에는 무엇을 해야지?'라고 말해 주어 다음 날의 준비를 하게 하고 '외출하기 전에는 무엇을 해야지?'라고 한 마디 해줌으로써 잊어버린 물건이 없는지 마지막 체크를 하는 습관을 길러 주는 것입니다. 이것은 여러 가지 경우에 유용하게 사용될 수 있는 방법입니다. 아이가 어려워하는 일이라도 2주~1달 정도 반복할 수 있도록 도와주시면 습관이 될 것입니다. **일단 습관이 되면 아이는 스스로 여러가지 일을 하게 될 것입니다.** 처음에는 인내심을 가지고 반복해서 이야기해 주도록 합시다.

Section 09

'공감뇌'가 자라는 만 5세 때는 [I 메시지]로 부모님의 감정을 전달해 주세요.

만 5세 정도가 되면 사람의 마음을 이해하는 '공감뇌'가 발달합니다. 이 시기에는 자신의 말과 행동이 다른 사람에게 어떻게 영향을 주는 지, 상대방이 어떤 기분이 드는지를 이해할 수 있게 됩니다.

- 기쁘다.
- 도움이 되다(고맙다).
- 기분이 좋다.
- 슬프다.
- 안타깝다.

이러한 'I 메시지'(p112~p113 참조)에 의해 **아이는 자신이 한 일이 부모님을 기쁘게 할 수도 있고 슬프게 할 수도 있다는 것**을 배우게 됩니다. 그러면 부모님을 기쁘게 하고 싶다는 마음을 가지게 될 것입니다. 왜냐하면 인간에게는 '상대방을 기쁘게 하고 싶다.'는 마음이 본능적으로 있기 때문입니다.

예를 들어 엔젤 타입의 아이들은 정리를 하는 것이 잘 되지 않습니다만, 'I 메시지'를 사용해서 아이가 스스로 정리 정돈을 할 수 있도록 할 수 있습니다. 정리를 했을 때는 '방이 깨끗해서 엄마(아빠)가 너무 기분이 좋네!'라고 말해 보시기 바랍니다. 그렇게 하면 아이는 '자기가 정리를 하는 것으로 인해서 엄마(아빠)가 기뻐하고 있다!'라고 인식하고 '다음에도 잘 정리해서 엄마(아빠)를 기쁘게 하고 싶다.'라고 생각하게 됩니다. 또 '방이 지저분해서 엄마(아빠)가 기분이 좋지 않아!'라고 말하면 아이는 '자기가 정리를 안 해서 엄마(아빠)가 슬퍼하고 있다!'라고 생각하고 부모님의 웃는 얼굴을 보고 싶어서 정리를 하게 되는 것입니다.

부모로부터 '방을 정리했네! 착하다!'라고 칭찬을 받는 것도 아이에게는 무척 기쁜 일입니다. 다음 번에도 또 칭찬을 받을 수 있는 일을 하고 싶다고 생각 할 것입니다. 게다가 **칭찬하는 것은 아이에게 자신감을 가지게 하고, 자존감을 높이는 데에 아주 효과적인 방법입니다.**

그러나 칭찬을 받고 싶어 하는 아이는 다른 사람의 평가를 신경 쓰는 아이가 되고 맙니다. 칭찬을 하는 것보다 적절하게 'I 메시지'를 많이 사용해서 주위의 평가를 의식하는 것이 아니라 다른 사람을 배려할 수 있는 마음을 길러줘야 합니다.

고쳐야 할 버릇이 있는 경우에는
버릇이 생긴 원인을 해결하고 나서
버릇을 고치도록 해주세요.

엔젤 타입은 보통 때에도 엄마에게 꼭 붙어서 어리광을 부린다든지 하는 일이 별로 없고 손을 잡으려고 해도 쓱 떨어져 혼자 먼저 걸어가 버리기도 합니다. 이 타입의 아이들은 어떤 집단에 속하게 되면 집단의 다른 아이들과 똑같이 하지 않으면 부끄럽다고 느끼기 때문에 6세 정도가 되면 다른 친구들은 혼자 다니는데 자신만 엄마와 함께 다닌다는 특별함을 싫어하게 됩니다.

그렇기 때문에 부모님은 '우리 아이는 자립이 빠른 것 같아.'라고 생각하실 수 있지만, 사실은 엔젤 타입의 아이는 **보이지 않는 곳에서 자기 자신과 싸우고 있는 중입니다. 그것을 조금이라도 빨리 알아차리고 적절하게 도와주는 것도 중요합니다.**

다음과 같은 예가 있습니다.

댄스 학원에 다니고 있는 마사르군은 발표회를 앞두고 열심히 연습을 하고 있었습니다. 그런데 어머니는 문득 아이를 보고는 마사르군이 손톱을 물어뜯는 예전에 없던 버릇이 생긴 것을 알았습니다. 더 자세히 관찰해 보니 선생님과 1대 1로 지도를 받을 때나 다른 아이들 앞에서 발표를 할 때처럼 긴장이 될 때는 언제나 손톱을 물어뜯고 있었습니다.

이와 같은 상황에서 마사르군이 손톱을 물어뜯는 것은 자신과 싸우고 있다는 증거입니다. 자신이 없고 힘들지만 손톱을 물어뜯으며 필사적으로 긴장을 극복하려고 노력하고 있는 것입니다. 그렇기 때문에 자신이 생기기 전에는 손톱을 물어뜯는 것을 그만두게 하려고 해도 의미가 없습니다. 아이들의 행동은 그들이 보내는 신호입니다. 그 배경에 있는 것이 해결될 때 까지는 무리해서 손톱을 물어뜯는 것을 그만두게 하더라도 다른 행동으로 바뀌어 나타나게 될 것입니다.

물론 언제까지 나쁜 버릇을 남겨두어서는 안됩니다. 마사르군의 경우 댄스학원에서 계속 배우고 연습하면 댄스에 자신감이 생길 때가 올 것입니다. 그 때가 왔다고 이제는 괜찮겠다고 부모님이 확신할 때 '손톱을 물어뜯고 있네, 하지 않도록 하자.' 라고 알려주면 됩니다. 좀처럼 자신감이 생기지 않을 때는 부모님이 '너라면 할 수 있어!' '언제나 열심히 하는 구나!'라는 말로 자신감이 생기도록 응원해 주는 것도 좋을 것입니다.

다리를 떤다든지 입술을 깨물거나 혀를 내미는 행동도 마찬가지로 혼자서 고뇌하고 있다는 신호 일 수 있습니다. **고쳐야 하는 문제 행동이 있다면 먼저 그 뒷면에 있는 이유부터 해결해 주는 것이 중요합니다.**

최고의 부모님께

마지막까지 읽어주셔서 정말 감사합니다. 책을 쓰고 있으면 언제나 듣는 말이 있습니다. '당신의 아이들은 착한 아이입니까?'라고. 이런 육아 책을 쓰고 있으니까 '무척이나 아이를 잘 키우고 있겠지'라고 생각하실 지도 모르겠습니다. 그러나 실제로는 전혀 그렇지 않습니다. 아이를 키우는 것은 매일 매일이 시행착오의 연속입니다. 겨우 힘든 시기가 끝났다고 생각하면 몇 살이 되어도 그 다음 그 다음 새로운 과제가 나오게 되는 것이 육아입니다. 육아(育兒)는 스스로를 키우는 것(育我)이라는 말처럼 아이와 함께 부모도 성장해 나가지 않으면 안 된다는 것을 저도 늘 느낍니다.

저는 두 아이를 키우고 있습니다. 첫째 아이의 육아는 굉장히 힘들었습니다. 태어나자마자 우리 아이는 얼굴이 벌겋게 되도록 울고 불고, 잠을 재우려고 하면 뻗대며 울었습니다. 지금 생각해보니 액티브 타입이었던 것입니다. 여러 가지 것에 흥미가 있어서 보는 것마다 금방 손을 대고 입에 넣거나 두드리거나 하였고, 걸을 수 있게 되자 높은 곳에도 겁 없이 올라가고 넓은 곳에서는 물을 만난 물고기처럼 뛰어다녔습니다. 그렇게 정신 없는 제 아이를 보고 '나의 교육이 잘못 된 것일까?'라고 생각했습니다.

그러다 만난 둘째 아이는 언제나 방긋방긋 웃고 손이 가지 않는 엔젤 타입의 아기였습니다. 그런 둘째 아이는 이제 쉽게 키울 수 있겠다고 생각하고 있었지만 그렇지 않았습니다. 자라면 자랄수록 역시 연속적으로 제 머리를 아프게 만드는 일들이 계속 일어났습니다.

많은 부모님과 아이들을 접해 오면서 자신을 가지고 말 할 수 있는 것이 있습니다. 그것은 모든 아이는 어떤 때에는 '착한 아이'이고 어떤 때에는 '유별난 아이'이기도 하다는 것입니다. 그리고 아이들에게는 한 사람 한 사람 태어나면서 가지고 태어난 개성이 있고 그 개성을 충분하게 발휘하면서 어떤 때에는 '착한 아이'로 어떤 때에는 '유별난 아이'의 면을 보여주는 것, 그것이 성장해 나가는 모습입니다. 그러한 아이의 기질을 이해하고 보면 지금까지 '유별난 아이'라고 생각했던 아이에게서 의외의 재능이 보이게 되고 '우리 아이가 재미있는 생각을 하는구나.'라는 생각이 들면서 웃는 얼굴로 육아를 즐길 수 있게 될 것입니다. 이 책이 그런 부분에 도움이 되었으면 좋겠습니다.

마지막으로 한가지 꼭 전하고 싶은 것이 있습니다. 자신감 있는 아이는 자신감 있는 부모로부터 나옵니다. 요즘 들어 아이가 자신감이 없는 것 같다고 생각하신다면 이 방법은 어떨까요?

아이에게 이렇게 말해주세요.
"엄마(아빠)는 너의 있는 모습 그대로를 사랑한단다!"라고

그리고
당신도 있는 모습 그대로 최고의 부모님입니다!